민주주의 재건

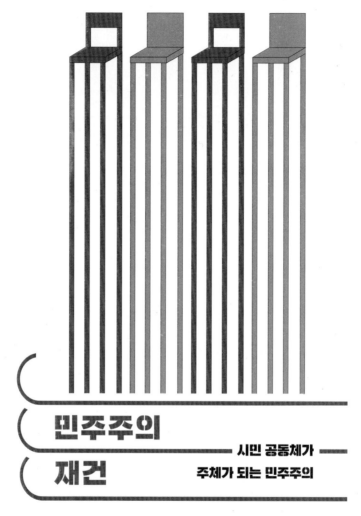

민주주의
재건

시민 공동체가
주체가 되는 민주주의

찰스 테일러·파트리지아 난츠·매들린 보비언 테일러 지음 + 이정화 옮김

북스힐

| 서문 |

민주주의가 곤혹스러운 상황에 처해 있다는 믿음이 서구 사회에 만연하다. 민주주의가 하나의 체제로서 신뢰를 잃어가고 있음을 수많은 여론조사를 통해 확인할 수 있다. 특히 젊은 사람들은 민주주의가 형편없는 거버넌스이며 권위주의체제나 기술관료제가 더 나은 대안이라고 생각한다.[1] 동시에 정국政局의 전개가 민주주의 사회에서 시민들 간 심각한 분열을 초래하고 있다. 그 예로 브렉시트Brexit(영국의 유럽연합 탈퇴_옮긴이)를 결정한 영국의 국민투표와 도널드 트럼프Donald Trump를 대통령으로 당선시킨 미국의 대선을 들 수 있다. '위대했던' 미국의 잃어버린 과거에 대한 향수를 자극해 성공을 거둔 도널드 트럼프의 선거 유세는 외국인 혐오 감정을 불러일으켜 미국 사회에서 '주변인outsiders' 취급 당하는 사람들에게 등을 돌렸다. 이러한 분열을 조장하는 호소가 이미 사회에서 버림받았다고 생각하는 사람들을 정조준해 다가간다.

사회복지제도가 서서히 붕괴하고 경제체제가 잠식되자 사람들은 그들이 시장경제체제에서 살 뿐만 아니라 경제 문제가 더 이상 사회적 상호작용 안에 자리 잡지 않는 자본주의 사회에서 산다는 사실에 눈을 떴다. 이러한 경제 문제와 사회적 상호작용 간 분리는 최근 몇 년 동안 군림해오고 있는 신자유주의(국가의 개입을 최소화하고 시장의 기능과 민간의 자유로운 활동을 중시하는 사상_옮긴이) 정책의 근간을 이룬다. 사실 민주정치와 일상생활의 다양한 측면 모두 기업과 은행의 경영 논리에 예속되어왔다. 2008년 금융위기 와중에 그리고 그 후에도 계속된 주장이, 특정 은행들은 "규모가 너무 커서 망해서는 안 되며" 무슨 수를 쓰든 구제해야 했다는 것과, 그러한 특수한 상황하에서는 유럽연합 내 그리스를 비롯한 몇몇 국가에 긴급구제 거래를 제공하는 것 외에는 "다른 대안이 없었다"는 것이다. 그 결과 이들 유로존 국가의 민주주의는 심하게 훼손되었다. 민주정치는 본래 위기에서 벗어나기 위한 여러 가지 방안을 항시 제공해야 한다.

소셜 미디어와 디지털 통신 기술 역시 전반적으로 지난 10년에 걸쳐 민주주의 문화를 서서히 붕괴시키는 데 중요한 역할을 해왔다. 한편으로는, 디지털화로 인해 시민들이 정보에 쉽고 광범위하게 접근하고, 시민들의 견해와 행동이 중요하게 인식된다. 미국의 www.govtrack.us(의회를 추적하는 비당파적 웹사이트_옮긴이)와 @YourRepsOnGuns(국회의원들이 권총 등 소형 무기와 그 관련 내용을 트위터에 올리면 그것을 리트윗하는 트위터 계정_옮긴이), 영국의 www.theyworkforyou.com(국회 활동을 지켜보는 웹사이트_옮긴이), 호주의 www.openaustralia.org.au(국회의원 활동을 지켜보는 웹사이트_옮긴이)와 같은 진취적 활동들 덕분에 정치적 의사결정이 상당히 투명하게 이루어졌고, 생각이 비슷한 사람들끼리 네트워크를 형성하고 함께 모여 행동할 수 있게 되었다. 다른 한편으로는, 웹 2.0(사용자가 직접 정보를 생산해 쌍방향으로 소통하는 웹 기술_옮긴이)을 기반으로 주로 익명으로 참여하는 소셜 네트워크 활동들이 탈정치화된 텔레비전 프로그램 또는 정치적인 척하는 토크쇼 등과 함께 시민들이 정치에서 멀어지도록 만든다. 이견을 받아들이지 않고 맹비난하는 '메아리방echo chamber' 안에서 동조하는 사람들을 찾는 데 집중하는 방식으로 미디어를 사용하면 종합적으로 배우고 오랜 시간 주의 깊게 생각하거나 논의하기가 힘들어진다. 전자 장비에 의존하는 포퓰리즘이 번성할 수 있는 비옥한 토양을 제공할 뿐이다.

간단히 말해 자유민주주의가 직면한 두 가지 주된, 서로 뒤얽힌 문제는 문제해결 역량의 쇠퇴와, 정치 엘리트와 국민 사이의 갭이다. 민주주의체제가 더 나은 미래를 내놓지 못하고 있다. 환경정책을 생각해보라. 이는 자동차산업이나 석유업계처럼 로비 세력과 기업의 힘이 너무 강력해서뿐만 아니라 선출직 관료들이 어떠한 정책이 적합한지 모르거나 자신의 선거구 유권자들이 지지하지 않을 수 있는 과감한 조치를 취하는 것을 두려워하는 경우가 허다하기 때문이다. 정치인들은 국민이 무엇을 원하는지, 무엇을 받아들일지 확신이 없기 때문에 책임지는 것을 겁낸다. 인기 없는 정책을 추진할 정도로 용기 있는 정치인들은 2018년 프랑스에서 일어난 노란 조끼 운동gilets jaunes과 같은 역풍의 위험을 감수해야 한다. 최근 프랑스에서 일어난 환경정책 개혁에 반기를 든 이 운동은 화석연료에 부과하는 세금을 올리겠다는 에마뉘엘 마크롱Emmanuel Macron 대통령의 계획이 값싼 디젤에 의존할 수밖에 없는 저임금, 시골 지역 주민들의 상황을 묵살했다는 (정당한) 이유에서 시작되었다. 그리고 곧바로 마린 르펜Marine Le Pen과 같은 우파 포퓰리스트 정치인들은 적어도 이들의 분노 가운데 일정 부분을 이용하는 데 성공했다.

물론 각 나라의 중앙정부는 정치적 세계화로 제약을 받는다. 지구의 평균온도 상승 폭을 산업화 이전 수준 대비 2℃ 훨씬 아래로 설정해 지구온난화를 제한하고 위험한 기후변화를 예방하기 위해 세계경제를 친환경연료로 대체하는 목표를 담고 있는 파리 협정Paris Agreement과 같은 세계적인 합의로 인해 각국 정부에 제약이 가해지기도 한다. 지속 가능성을 향한 변화는 세계적 차원에서뿐만 아니라 국가적으로, 특히 지역 차원에서 정치인들이 지속 가능한 생활 방식을 채택함으로써 이행되어야 한다. 이것이 바로 민주정치가 다시 강해지고 건강해져야 하는 이유다.

많은 사람이 대의제代議制를 그 중추적 역할을 하는 정당의 체계와 운영 방식에 변화가 나타날 때까지 개혁해야 하며, 대의제 내에서 과도한 금권金權을 억제해야 한다고 생각한다. 소셜 미디어가 만든 소통하지 않는 메아리 방들이 조장한 전에 없이 분열된 공공영역 안에서 개혁을 이뤄야 한다고 제안하는 사람들도 있다. 개혁의 예로, 그들은 페이스북Facebook과 여타 소셜 미디어를 대체할 공공 플랫폼 또는 의도적인 허위 정보 유포를 통제하기 위한 국가 관리형 플랫폼 설립을 제안한다.

이러한 변화가 필요하다는 것에 동의하지만, 개혁 의제를 더 추가하고 싶다. 우리는, 민주주의를 사회 저변에서부터 재건해야 책임 있는 정부를 복원할 수 있다고 생각한다. 사회 저변에서부터 민주주의를 강화하고 새롭게 활성화해야만 시민들이 무엇을 요구하고, 그들의 공동체나 지역을 위해 미래를 어떻게 그려나갈지 스스로 명확하게 파악할 것이다. 그렇게 되면 지역공동체가 그들을 대신해 정책 결정 기관에서 일하는 대표자들에게 압력을 가해 더 용감하고 단호한 정책을 추진하도록 만들 수 있다.

이 책에서 우리는 먼저 지역공동체와 그 주민들이 직면했던 난제를 상세하게 기술할 것이다. 민주주의의 퇴보는 지역공동체의 점진적 붕괴와 밀접하게 관련된다. 예를 들어 미국 동부의 애팔래치아 지방이나 북부의 러스트벨트Rust Belt(사양화된 공업지대_옮긴이), 독일의 라우지츠Lausitz 지방과 같이 제조업의 쇠퇴로 황폐해진 지역들이 외국인 혐오적 '포퓰리즘'의 근거지가 되는 경우가 허다하다.

황폐해져 붕괴된 지역공동체를 재건하려면 공동체 구성원들이 새롭게 결속을 다지고 자신들의 이익과 목표를 정비하며 복잡한 문제를 해결하고 공동의 기관을 설립하기 위해 창의력을 자유롭게 발휘할 수 있는 정치적 활동이 필요하다.

Chapter 2에서 우리는 두 종류의 활동을 살펴볼 것이다. 하나는 공동체의 요구사항과 목표에 대한 합의점을 찾고 합의된 요구사항과 목표가 결실 맺을 방법을 찾기 위한 지역 차원의 자주적 조직화다. 여기서 지역 차원이란 지방자치단체의 단위로서 지역 경계선을 기준으로 할 수도 있고 그렇지 않을 수도 있다. 또 하나는 공동의 목표를 정의하기 위해 대개는 어떤 차원에서든 정부 내 공식적 직위나 역할을 갖지 않을 일반 시민과 함께하는 정부 주도형 협의 방식의 활동이다. 우리는 민주주의가 어떻게 사회 저변으로부터 재건될 수 있는지 더 잘 이해하기 위해 성공적인 공동체 조직과 협의 활동의 여러 사례를 소개할 것이다. 이 책 마지막 부분에서는 지역 정치공동체 재결성을 통해 민주주의를 정치체제로서 재건하고 새롭게 하기 위해 작동할 수 있는 메커니즘으로 되돌아갈 것이다.

| 차례 |

서문 • 5

Chapter 1 지역공동체 재구축 • 15

Chapter 2 정치공동체의 재설립 지원 • 37

Chapter 3 민주주의 부활에 공헌 • 93

맺음말 • 103

감사의 말 • 109

주 • 111

지역공동체 재구축

민주주의 재건은 사회 저변에서부터 시작해야 한다. 이는 지역 공동체가 자신들의 어려움과 불만에 대응하는 방식을 바꾸는 것을 의미한다. 실제로 효과적인 대응은 다음과 같은 것을 의미할 것이다. 상공회의소, 교회, 지역 협회, 또는 능동적 참여 지원자 등 지역사회와 지역조직에서 주민을 대표해 일하는 다양한 대표자들이 함께 모여 당면한 상황, 많은 경우 악화되고 있는 상황에 어떻게 대응할지 그 방법을 결정한다. 말하자면 그들은 더 오래되고 더 전통적인 직업이 사양길에 접어든 곳에서 새로운 형태의 직업을 어떻게 찾을 것인가 하는 계획을 정성들여 세우려고 한다.

현재 많은 지역공동체가 새로운 난제에 효과적으로 대응하지 못한다. 우리는 미국 애팔래치아 지방, 독일 브란덴부르크와 오버 작센(라우지츠 지방)처럼 지구온난화에 대처하기 위해 석탄 채굴량을 줄여야 한다고 인식하는 서구에서 이러한 비효과적인 대응의 대표적인 예를 발견한다. 미국과 프랑스의 러스트벨트 지역에서도 이러한 예를 볼 수 있는데, 이들 지역에서는 새롭게 산업화하고 있는 사회와 자동화로 인한 경쟁이 합해져 지역 고유의 산업 활동을 점진적으로 약화시켰다. 이들 사례를 보면, 해당 지방들은 제조업 쇠퇴, 신자유주의적 재정정책, 정치적 방치로 인해 수십 년 동안 황폐해져 현재와 미래의 난제에 효과적으로 대처하기 위한 자원resources이 부족함을 주민들 스스로 깨닫는 지경에 이르렀다.

이들 지역의 공동체는 재정적 수단과 정치적 영향력뿐만 아니라 자원도 부족하다. 때로는 자원을 얻는 것이 훨씬 더 어렵다. 왜냐하면 자원은, 독일 정부가 엄청난 액수의 돈을 라우지츠 지방에 쏟아부어 시도하고 있는 것처럼, 사회의 한 부분에서 다른 부분으로 간단하게 옮길 수 있는 것이 아니기 때문이다. 대신에 우리가 생각하는 자원과 기술skills은 사회적 자본 또는 문화에 속한다.

석탄, 철강, 제조업과 같은 산업은 이들 지역주민 대다수
가 가진 기술이며 소득원이었을 뿐만 아니라, 근로자가 되는
것이 무엇을 의미하는지 또는 가족을 돌보는 것이 무엇을 의미
하는지 그 지배적 이미지와 같은 지역의 문화를 만들었다. 제
조업의 쇠퇴로 이들 공동체는 다른 무엇보다 자부심自負心과 자
존감自尊感을 주민 개인 차원은 물론 지역 차원에서도 어느 정
도 상실했다.

공동체가 경제적 쇠퇴로 자존감을 상실하면 정치효능감
political efficacy(개인이 정치 과정에서 영향력을 발휘할 수 있으며 정치인
이 시민의 요구에 반응할 것이라는 신념_옮긴이)도 함께 상실하는 경
우가 많다. 정치인들은 세계자유무역과 신자유주의적 노동시
장 개혁을 설파하며 그 대가로 결국에는 모든 가구가 '낙수효
과落水效果, trickle down'(사회 최부유층이 부유해질수록 더 많은 일자리
가 창출되어 그 부가 서민이나 그 아래층으로 확산된다고 보는 이론_옮긴
이) 혜택을 누릴 것이라고 확언했다. 그러나 라우지츠와 러스트
벨트는 지금까지 수십 년 동안 계속 쇠락해와 사람들은 점점
더 이름 모를 기계에 당한 수동적 피해자가 된 것처럼 느끼면
서 정치제도에 대한 믿음을 상실했다. 도심지로 떠날 수 있는
사람들은 떠난 반면에, 남아 있는 사람들은 은둔해 틀어박혀

사는 형국이다.

　실제로 이러한 지역공동체는 앞으로 나아가기 위해 스스로 새로운 아이디어를 내어 체계화하고 전개할 역량을 상실한다. 지역 대표자들에게 효과적으로 영향력을 행사할 능력 또한 상실해 매우 공격적인 자기 강화 집단을 결성하기 시작한다. 즉 공동체의 정치적 무효능감political inefficacy이 지역 정치공동체 붕괴 상태를 유지하고 강화한다. 이렇게 되면 유권자들은 변화 메커니즘을 이해하는 것도, 결집해 자신들의 운명을 스스로 만들어 나아갈 방법을 파악하는 것도 어려워진다. 분명한 것은 이러한 애팔래치아식 곤경이 점점 더 흔하게 나타날 것이라는 점이다. 석탄뿐만 아니라 석유 역시 캐나다 앨버타주 유전에서 나타나듯이 잘못 대응하면 해당 지역이 타격을 입을 수 있는 상황이다. 앨버타주를 제외한 캐나다 지역은 기름 유출로 환경에 가해질 위험을 우려하는 심정에서, 그리고 이산화탄소 배출 에너지에서 탈피해야 한다는 보편적 사고에서 갈수록 송유관을 적대시하고 있다. 동시에 제3세계와의 경쟁, 자동화, 특히 인공지능 발전의 충격적인 가속화로 인해 러스트벨트 지역은 계속 확대되고 있다. 지역공동체 붕괴는 현재 민주주의 정치체제에 심각한 영향을 미친다. 이제 이에 대해 설명하겠다.

❖

　　우리가 언급한 변화 메커니즘에 대한 유권자들의 이해력 저하는 보통 사람들의 요구사항과 열망이 대의민주주의체제와 단절되면서 도처에 나타나는 현상 중 일부다. 근대 민주주의는 고대 그리스 도시국가들과 달리 대의기관을 통해 운영되어야 한다. 대의기관을 전적으로 직접민주주의로 대체하는 것은 선택할 수 있는 대안이 아니다. 그러나 동시에 민주주의가 '진정으로' 작동하기 위해서는 대의기관과 시민들의 목표와 요구사항이 지속적으로 연결되어야 한다. 불행하게도 여러 이유로 이 연결이 느슨해져 끊어지기 시작하고 급기야 단절될 수도 있다.

　　먼저, 현대 사회의 의제는 방대하고 다양하다. 각국 정부는 세계화된 세상에서 자국 경제를 관리할 뿐만 아니라 복지제도 운영, 결혼과 가정생활 관련 중요 사안 결정, 외교정책 목표 추구 등 다양한 기능을 수행한다. 이 모든 의제가 언제나 가장 중요할 수는 없다. 그 의제가 대중의 주목을 끄느냐 주목에서 멀어지느냐는 대체로 공공 영역, 특히 주요 미디어에서 그 의제가 어떻게 인식되는지에 따라 결정된다. 몇몇 시민의 지극히 중요한 요구사항이 공론의 장을 장악한 다른 이슈들 때문에 도외시될 수 있다. 최근 서구 많은 나라에서 자유무역과 세계화로 인한 경제적 혜택의 편향된 분배와 관련해 이러한 현상이 발생했다. '포퓰리스트'라는 위험한 존재는 이렇게 도외시된 사안이 주목받도록 하겠다는 기치를 내걸고 주류 정당에 대항해 선거에서 승리했다.

둘째, 민주주의 정치조직체에서 돈의 위력은 대단하다. 돈은 몇몇 개인이 언론을 통제하도록 만들고 바로 위에서 언급한 관심의 왜곡을 지탱해준다. 돈은 오늘날 미국에서 가장 생생하게 목격할 수 있듯이, 로비와 선거운동 자금 지원을 통해 더 직접적인 역할을 할 수도 있다.

셋째, 최근 수십 년간 시장의 본질에 대한 신자유주의적 환상과 새로운 부의 공정한 분배를 보장하기 위한 환상에 따른 이른바 근사한 운영은 결국 다 잘될 것이라는 이유를 달아 가장 노골적인 불평등 가운데 일부를 모호하게 만들거나 그 중요성을 경시했다.

위 두 번째와 세 번째 동향은 많은 사람이 현재 서구 자유민주주의의 위기로 설명하는 상황 전개의 일부 원인이기도 하다. 유럽과 미국에서 우익 포퓰리스트 운동의 등장은 전후戰後 기간 내내 구축하기 위해 노력해온, 미국 공화국과 유럽연합의

핵심 가치를 구현한, 평등민주주의와 열린민주주의에 대한 심각한 도전이다.

여기에 외국인 혐오 증가, 외부인 의심, 이민에 대한 저항은 점입가경이며 절박한 난민들조차 저항하고 있다. 이러한 움직임의 결정적 원인은 의심할 여지없이 많은 국가의 일하는 중산층 사이에 널리 퍼진 깨달음이다. 자신들의 생활수준이 계속 하락하고 있다는 깨달음, 전후 번영 기간 이후(프랑스인들이 말하는 '영광의 30년') 설 자리를 잃었다는 깨달음, 그들과 더욱이 그들의 자손들조차 양질의 안정된 일자리 부족으로 사회적 계층 이동이 하향화될 것이라는 깨달음, 다시 말해 그들이 마주하는 세상에서 일자리는 점점 더 부족할 것이고 임시직과 불안정한 일자리가 점점 더 늘어날 것이라는 깨달음이다.

실제로 자유방임적 신자유주의하에서 2008년 세계 금융 위기로 악화되고 내핍 정치로 더욱 고통스러워진 세계화와 자동화의 길을 걸으면서 불평등이 엄청나게 증가했다. 세계화와 자동화로 여러 나라 특히 미국과 프랑스의 러스트벨트 지역과 소도시는 보잘것없어졌다. 이러한 보잘것없어졌다는 감정에 떠밀려 이들 지역의 많은 사람이 도널드 트럼프, 마린 르펜 등의 환상에 불과한 정치, 차별적 정치에 표를 던졌다.

사실 주류 정당에 대항해 이의를 제기하는 이유는 주류 정당들이 '본래의real(프랑스 또는 미국)' 국민보다 주로 이민자와 난민인 '외부인들'에게 특혜를 준다는 점 때문이다. 경제 상황이 상당히 양호하고 고용률이 높은 독일과 같은 사회에서도 전통적인 주류 정당들을 향해 공개적으로 비난을 쏟아낸다. 특히 자국민에게 필요한 것을 희생하면서까지 난민들을 우선시한다는 것이다.

　　최근 수십 년간 일어난 변화 메커니즘에 대한 일반 유권자들의 이해력 저하가 미국의 도널드 트럼프 출마, 프랑스의 국민연합Front National, 독일의 독일을 위한 대안AfD과 같은 포퓰리스트 운동이 성공하는 데 결정적 역할을 한 것은 분명하다. 불가능한 과거를 회복시킴으로써 "미국을 다시 위대하게" 만들자거나, 이와 같은 종류의 매우 기이하고 놀라운 호소가 성공한 것을 어떻게 설명할지는 중요하지 않다. 유권자가 너무 무지해 그와 같이 단순한 해결책을 꿰뚫어 보지 못한다고 생각하든, 유권자가 사실 그런 호소들이 얼마나 절망적인 해결책인지 알지만 너무 좌절한 나머지 전통적이고 보수적인 생각을 가진 엘리트들을 충격에 빠뜨리는 몸짓을 하고자 한다고 생각하든 문제가 되지 않는다. 문제는 일단 유권자가 자기 요구사항과 관심사가 민주적 절차를 통해 효과적으로 진척될 수 없다고 깨달으면 이러한 절망적인 수사修辭적 슬로건이 유권자를 끌어 모으기 시작한다는 것이다.

우리가 설명하려는 시민과의 단절은 심각한 결과를 초래하므로 시민과의 연결을 회복시켜야 한다. 그러나 현재 전개되는 여러 정황을 보건대, 우리 민주 사회가 일상적으로 굴러가는 와중에 시민과의 재연결이 자동적으로 이루어질 가능성은 없다는 것을 알아야 한다. 외부인은 위험하다는 생각, 특히 모든 이슬람교도를 잠재적 테러리스트로 묘사하는 이슬람 혐오주의적 환상과 같은 근거 없는 믿음을 계속 허물어뜨리는 것만으로는 충분하지 않을 것이다. 물론 그런 노력이 여전히 필요하긴 하다. 그러나 많은 근로자 계층과 중산층이 느끼는 뒷전으로 밀려났다는 느낌, 충분히 그렇게 느낄 수 있는 감정을 해결하지 않고서는 외국인 혐오적 포퓰리즘과의 전쟁에서 이길 수 없을 것이다. 우리는 근로자 계층과 중산층의 요구사항 및 열망을 다시 대의기관과 연결시키기 위해 결단력 있게 행동해야 한다.

사회 저변에서부터 민주주의를 재건하는 것이 이 재연결을 가능하게 하는 하나의 중요한 조치다. 사회 저변에서부터 민주주의를 재건하는 것은 우리가 거쳐야 하는 단계일 뿐만 아니라 중요한 해결책일 수 있다. 이에 대해서는 Chapter 3에서 예를 들어 설명할 것이다. 즉 지역주민들이 한마음으로 동시에 그들에게 필요한 프로그램을 명확하게 설명할 수 있고 이 프로그램을 중심으로 연대할 수 있다면, 그들은 국회의원 등 대표자들이(적어도 지역 차원에서) 반드시 귀를 기울여야 하는 정치세력이 될 수 있다. 지역의 요구사항 및 열망과 민주주의제도 사이에 새롭고 강력한 연결이 형성된다.

사회 저변에서부터 민주주의 재건을 달리 설명할 수도 있다. 해나 아렌트Hannah Arendt(독일 출신의 미국 정치철학자_옮긴이)가 주장한 정치영역political sphere의 확대가 바로 그것이다. 해나 아렌트가 제시한 열린 심의open deliberation는 동등한 위치에 있는 시민들이 공동 목표와 행동에 대해 세심하게 생각하고 심도 있게 토의하는 것을 의미한다. 아렌트의 열린 심의 관점에서는 정치영역이 전격적으로 확대되어 국회의원뿐만 아니라 박식하고 정치와 사회 문제에 적극 관여하는 새로운 시민 그룹도 그 영역 안에 들어올 것이다. 이로 인해 정치행위the political(옮긴이 해석)가 확장될 것이다. 바로 이 정치행위를 확장시킬 수 있는 여러 프로젝트를 이 책에서 들여다볼 것이다.

❖

　지역공동체 재구축이 어떻게 유익한 영향력을 행사해 정치체제 확장에 기여했는지 질문하기 전에, 출발점에서 다음 사항들을 자세히 살펴봐야 한다. 즉 러스트벨트, 애팔래치아, 라우지츠와 같은 지역공동체에서는 사회 저변에서부터의 민주주의 재건이 어떤 모습인가? 지역공동체 재구축이 탈산업화하고 있는 사회의 위험요인에 대처하기 위한 공동체 능력을 어떻게 향상시키는가? 지역공동체 재구축이 하나의 정치체제로서 민주주의의 부활을 어떻게 더 폭넓게 받쳐주는가?

　이미 여러 지역공동체 안에서 이러한 종류의 자기조직화가 일어나고 있다.[1] 그러나 자기조직화가 일어나는 지역공동체가 훨씬 더 많아야 하며, 라우지츠나 러스트벨트와 같은 지역을 설명할 때처럼 자기조직화가 절실하게 필요하지만 아직 일어나지 않고 있을 때는 어떻게 외부로부터 그 과정을 시작하고 키워갈 것인가 하는 질문으로 시작해야 한다. 예를 들어 정부는 탄광을 폐쇄할 필요가 있다고 결정 내릴 수 있는데, 이때 지구온난화에 대처해야 하는 급박함으로 내린 폐쇄 조치를 지역공동체가 받아들이도록 납득시키려 할 것이다.

이런 일은 참으로 벅찬 과업이다. 먼저 결정적인 의문을 품고 있는 지역주민을 찾아내 접촉해야 한다. 우리가 예로 든 것을 가지고 계속하자면, 이 결정적인 의문을 품고 있는 지역주민이란 석탄은 고용 창출원으로서 영원할 수 없기 때문에 일자리를 창출할 몇 가지 경제적 대안이 지역에 필요하다는 상황을 인식하는 사람을 의미한다. 둘째, 이러한 주민들이 서로를 찾거나 적어도 서로 접촉해야 한다.

그런 다음 해결책이 될 수 있는 대안을 찾아내는 힘든 과업을 시작하라. 이 작업에서는 지역공동체의 조언과 통찰력이 필요하다. 외부인들이 그 지역에서 대안이 될 수 있는 경제적 천직에 대해 어느 정도 아이디어를 낼 수는 있으나, 그러한 대안들이 지역사회에 어느 정도 울림을 주지 않는 한 외부인의 좋은 아이디어는 걸음을 뗄 수 없다. 이것은 대안 일자리가 가지는 경제적 전망만의 문제가 아니라 업무, 생산, 또는 서비스 제공과 관련해 제안된 방향이 그 지역의 기술과 역량, 지역 정체성 면에서 합당해야 한다.

예를 들어 독일 브란덴부르크주 라우지츠 지방의 경우 어떤 일자리가 탄광업을 대체하든 그 대안 일자리가 직면할 가장 큰 장애물 중 하나는 역사적 정체성으로서 탄광업을 생각하는,

즉 '탄광업은 바로 우리'라는 강한 주민의식이다. 탄광업은 장애물과 난관을 극복한 성공적 투쟁의 이미지를 가지며, 심지어 영웅다운 대단히 용감한 행위로 여겨지고, 광부라는 천직은 강력한 기운을 내뿜는다. 이와 유사한 상황을 미국 애팔래치아, 즉 웨스트버지니아주에서도 볼 수 있다. 트럼프가 선거운동에서 이용한 것이 바로 이것이었다.

해결책 발견, 즉 더 큰 사회와 관련해 경제적 전망이 밝고 공동체 자체에 답을 제시할 수 있는 천직을 발견하는 것은 내부인, 외부인 어느 한쪽만으로는 해결할 수 없는 과업이다. 여기서 심의와 합의 구축 경험을 쌓은 외부인이 중요한 자원이 될 수 있다. 경험 있는 외부인은 실질적인 선택사항에 대한 아이디어를 갖고 있어야 하지만, 그들이 해야 할 과업은 의미 있고 '공감을 불러일으키는' 선택사항을 찾기 위한 여러 가능성을 탐색하면서 활발하게 토론을 이끄는 일일 것이다.

요컨대 이러한 외부인은 프랑스어로 '활기를 주는 사람 animateur' 역할을 할 것이다. 이 사람은 민족지학자(다양한 인간 사회를 연구하고 설명하는 학문인 민족지학 분야 학자_옮긴이)들이 개발한 것과 유사한 특별한 기술이 필요할 것이다. 그 기술이란 아주 많이 듣고 마침내 특수한 지역 상황, 용어, 지역 정체성 기준을 이해하는 능력을 말한다. 이러한 지역적 특수성을 분명하게 설명하려면 기존 사회과학 학문에서는 이미 사라진 관계를 구축해야 할 수도 있다. 그러려면 차이를 인식하기 위한 일종의 감수성과 올바른 말과 핵심적인 관계를 발견하거나 인식하기 위한 표현력이 필요하다.

주요 사업체가 손을 뗄 때 지역공동체가 직면하는 전형적인 상황을 생각할 경우, 우리는 인커리지지역재단Incourage Community Foundation(1994년 설립된 비영리 자선 공동체 재단으로, 위스콘신주 사우스우드카운티 지역을 대상으로 활동을 펼치고 있다_옮긴이)이 미국에서 관여하는 일종의 상향식 공동체 조직의 필요성을 추론할 수 있다. 이 조직에 대해서는 후반부에서 다시 기술하겠다.

이같이 사회 저변에서 공동체를 조직하기 위해서는 무엇이 필요한가? 첫째, 지역에서 실행 가능한 새로운 경제적 가능성(대안들_옮긴이)과 지역주민들이 이미 가지고 있거나 쉽게 습득할 수 있는 기술과 역량 목록 등 내적·외적 환경에 관한 정확한 실상을 파악해야 한다.

그러나 이것만으로는 충분하지 않다. 둘째, 주민들은 자신들의 요구사항을 말해야 하며 자신들이 무엇을 열망하며, 모든 것이 가능하다는 가정하에서 무엇을 하고 싶은지 스스로 명확하게 알아야 한다. 사실 이 점이 위에 기술한 첫 번째 사항의 중요한 구성요소 또는 결정요인이다.

그러나 이러한 사항들을 외부로부터 습득하는 것만으로는 충분하지 않다. 셋째, 이러한 내용들은 해당 주민들과의 대화 속에서 파악되고 사실 여부가 입증되어야 한다. 어떤 열망들은 서로 교류해야만 드러날 것이다. 그리고 관련된 사람들만이 이러한 대화를 통해 공동의 목표를 확인할 수 있다. 이와 같은 만남과 토론은 공동체의 미래를 계획하는 데 필수적인 공동 목표를 만들어내는 동시에 모든 사람이 같은 편이라는 감정을 불러일으키면서 함께 차이점을 극복하고 신뢰를 쌓는 데 도움이 된다. 모든 사람의 이야기를 들어야 할 뿐만 아니라 다른 사람들이 자기 이야기를 듣고 있다고 '느껴야' 한다.

Chapter 2에서는 이러한 과정을 자세히 들여다볼 것이다. 그러나 우리는 그러한 심의가 일단 작동하기 시작하면 어떻게 자체적 확장과 강화를 위한 전제조건들을 생성할 수 있는지, 그리고 그에 따라 사회 저변에서부터 민주주의 재건의 동력이 될 수 있는지 이미 알 수 있다. 일단 사람들이 이런 방식으로 함께하면 중요한 변화가 일어날 수 있다. 이러한 변화의 각기 다른 기본 요소들은 다음과 같다.

(1) 사고방식에 실존적 변화가 온다. 우리는 하나의 공동체로
서 '세계화한 엘리트', '멀리 있는 테크노크라트(과학기술 전
문가 권력층_옮긴이)'처럼 우리 통제 영역을 넘어선 강력한
세력, 또는 충성심 없는 경쟁 상대 외국인에게 희생당한 피
해자들이라는 생각에서 벗어나 주도권을 갖고 우리가 처
한 어려운 상황을 바꾸기 위해 무언가 할 수 있다고 스스로
인정하게 된다. 그 결과 심의공동체의 출현, 즉 해나 아렌
트가 생각하는 '정치행위'의 출현으로 지역공동체 사이에
'우리는 총체적 기관으로서 권한을 가진다는 의식과 가능
성이' 생겨난다.

(2) 이와 동시에 소속 조직, 종교관, 세계관, 심지어 정치적 신
념이 다른 사람들과 협력해서 일해야 한다는 사실은 서로
에게 귀를 기울이도록 만든다. 우리는 지금 이들 타인과 함
께 무언가를 성공적으로 해내야 하는 이해관계에 얽혀 있
다. 뒤로 기대앉아 단순히 그들을 비판하거나 혹평할 상황
이 아니다. 얼굴을 맞대면 서로를 향한 진부한 적대감이 누
그러지는 경우가 많다. 그에 따라 심의공동체는 참가자들

간에 "새로운 포용적 연대감과 신뢰를 쌓는다".

(3) 일단 함께하면 우리는 "새로운 길을 열어 새로운 것을 창조 한다". 소위 말하는 '획기적으로 성공한 혁신'을 낳을 수도 있다. 조애나 세아Joanna Cea와 제스 리밍턴Jess Rimington(두 사람 모두 스탠퍼드 대학교 글로벌프로젝트센터 객원연구원_옮긴이) 의 논문에 따르면, 진정으로 혁신적인 해결책은 닫힌 문이 나 하향식 과정에서 비롯되는 것이 아니라, 자신들의 삶이 활동 또는 공동체에 의해 통제되거나 영향을 받는 사람들 을 포함해 활동이나 공동체에 참여하는 수많은 각양각색 활동가가 처음부터 계획과 의사결정에 참여하는 포용적 과정에서 생기는 경우가 많다.[2] 광범위한 창조적 과정을 통해 '획기적인 혁신 창출'이라는 생각은 위 (1)항에서 중 요하게 언급한 것과 동일한 전망 요소를 반영한다. 즉 지식 과 동기 부여 재정립, 더 분명한 비전과 이 비전을 중심으 로 한 공동 세력의 재정비다. 특히 기술혁신 또한 다양한 배경을 가진 사람들 간에 서로 신뢰하고 상호 창조적인 교 류를 하는 가운데 가장 순조롭게 일어나는 것 같다.[3]

(4) 일단 우리가 공동의 토론을 거쳐 고용 창출을 위한 새로운 길, 재교육 방식, 또는 공동체에 제공할 새로운 종류의 서

비스를 어떻게 찾을 것인가 등 여러 계획을 제시하면 하나의 집단으로서 우리의 위치가 크게 바뀐다. 상황에 대한 우리의 해석과 이해, 우리의 관심과 목표, 심지어 우리의 동기 부여, 가치, 비전까지 재정비된다. 지금 우리는 더 높은 정부 차원으로, 한편으로는 중앙 정부에 다른 한편으로는 미국의 경우 주state 정부에, 캐나다의 경우 주province 정부에, 독일의 경우 지방land 정부에 무엇을 요구해야 하는지 잘 아는 위치에 있다. 우리는 무엇을 요구해야 하는지 잘 알 뿐만 아니라 강력한 지역적 합의에 기반을 둔 프로그램을 가지고 있어 더 큰 정치적 영향력을 일정 부분 가질 수밖에 없다. 우리 지역의 선출직 대표자들은 주(혹은 지방) 차원과 연방 차원에서 모두 어떤 방식으로든 우리 프로그램에 귀를 기울이거나 적어도 이 프로그램을 고려해야 할 강력한 동기를 갖는다. 일단 정치체제를 향한 반응형 연결이 성공적으로 구축되었다면(반응하는 정치체제 구축에 성공했다면_옮긴이) 우리는 권한을 부여받은 '존재이기' 때문에 우리에게 권한이 있다고 느낀다. '목표, 지식, 동기 부여의 정립' 가능성 때문에, 지역 심의공동체 재설립은 조직화 유형이면서 동시에 정치적 동원 수단이다.

한편, 변화에 대한 전제조건으로서 효과적인 공동체 활동에는 이 네 가지 기본 요소가 '반드시 있어야 한다'. 사람들을 만나게 하고, 서로 정보를 공유하고, 새롭게 이해하고, 함께 새로운 지식을 만들고, 공동 목표를 세우도록 하는 등 이를 위해서는 이 네 가지 요소라는 최소한의 현행 기준사항이 모두 필요하다. 다른 한편, 일단 그러한 기본 요소를 실행하면 그 요소들은 스스로 지탱하고 유지할 것이다. 자체적으로 확장 동력을 생성하기까지 할 것이다. 이 기본 요소들은 효과적인 공동체 활동에서 사용될 때 고갈되는 것이 아니라 오히려 강화되는 자원이기 때문이다.

Chapter 2에서 우리는 여러 프로젝트 사례를 살펴볼 것이다. 이들 프로젝트는 광범위한 동의를 얻은 새로운 프로그램들을 성공적으로 만들어냈다. 우리는 참여민주주의와 지역공동체 조직이 취할 수 있는 형태 전반을 살펴보려는 것이 아니다. 의아하게 들리겠지만, 그것은 우리의 영역 밖이다. 우리는 더욱 광범위한 이 분야에 대해서는 간단하게 개요만 제공한다. 반면에 우리의 주된 관심사는 선구적先驅的으로 새로운 프로그램을 만들거나 새로운 형태의 연대連帶를 구축하는 프로젝트들이다. 우리는 사회 저변에서부터 민주주의를 재활성화시킨 성공적인 실험 사례에 관해 우리가 잘 아는 이야기를 할 것이다.

이 말은, 정치 참여 영역에서 이미 잘 구성된 문제를 놓고 사회 저변에서 시민들로부터 조언을 구해 참고하고 있는 상황, 예를 들어 시 예산 편성 시(브라질의 포르투알레그리에서처럼), 또는 신규 시설 설치 장소 결정 시 평범한 시민들의 의견을 듣는 것과 같은 상황을 들여다보는 것에는 별로 관심 없다는 뜻이다. 우리가 논하는 프로젝트에서 중요한 질문들은 러스트벨트 지역의 실행 가능한 경제적 대안책을 스스럼없이 찾거나 시의 쇠락한 구역에서 사람들이 정체성을 확인하고 기꺼이 거주하고 싶어 하는 장소를 세우기 위한 방법을 찾는 시도 등을 묻는 개방형 질문일 것이다. 이러한 많은 사례에서, 마침내 잘 해내 성공한 해결책은 시작 당시에는 관련된 사람들이 상상할 수조차 없었던 것이다. 이것이 바로 브뤼노 라투르Bruno Latour(프랑스의 인류학자, 사회학자, 철학자 겸 과학기술학 연구자_옮긴이)가 프랑스에서 현재 위기를 알리는 많은 증상이 나타나고 있음에도 불구하고 프랑스 정부가 시민들과 함께 시작한 '대토론grand debate'

의 주제와 질문에 제한을 둔 것에 경고를 날린 이유다.[4]

마찬가지로, 지역공동체 조직 영역에서, 우리는 솔 앨린스키Saul Alinsky(미국의 사회운동가이자 지역사회 조직가_옮긴이)가 개척한 근린조직 형태와 같은 주민들을 동원하기 위한 시도를 주의 깊게 들여다보지 않는다. 물론 이러한 시도는 많고 중요하다. 앨린스키의 근린조직은 정해진 특정 목표를 이루는 것이며, 오늘날에도 여전히 수행되고 있다.[5] 지역공동체 조직 영역에서 우리가 살펴보는 조직들이 추구하는 목표는 그 범위가 더 넓고 아울러 완전하게 정의되지 않는 것들이며, 이들 조직은 정해진 특정 목표를 성취하고자 할 뿐만 아니라, 향후 다양한 목표를 수행하기 위한 시민들의 역량을 강화하고자 한다.

따라서 우리가 관심을 기울이는 프로젝트는 그 목표가 더 복합적이고 사전에 쉽게 정의되지 않는 것들이다. 이렇게 대상을 좁혀들어감에도 불구하고 중요한 통찰력을 제공할 수 있다는 희망을 갖는 것은 우리가 논하는 이 프로젝트들이 글로벌 사회에 곧 닥칠 것 같은 걱정스러운 난제와 딜레마에 대처할 실행 가능한 해결책 범위를 확대하는 역할을 수행하기 때문이다. 이 역할은 오늘날 민주주의에서 지극히 중요하고 필요하다.

그러나 우리의 사례 선택은 달리 보면 물론 제한적이다.

이 책에서 우리가 중점을 둔 것은 세 저자의 경험과 전문성에 따른 것이라는 한계가 있다. 다른 여러 사항이 적지 않게 한계 목록에 추가될 수도 있고 넓게 반영될 수도 있다. 그러나 미국의 현장과 유럽의 상황에 초점을 맞춘 것은 우리의 경험을 반영한 것이다.

Chapter 2

정치공동체의 재설립 지원

Chapter 1에서 설명한 개방형 혁신 프로젝트라고 할 수 있는
몇몇 사례를 살펴보자. 유럽과 미국의 몇 가지 사례는 연구할
가치가 있다.

랑게네크Langenegg는 오스트리아의 스위스 국경 근처에 위
치한 직선 모양의 정착촌으로 1,100명의 인구가 거주한다. 지
역 내 삶이 서서히 멈추면서 한때 현지 젊은이들이 일자리를
찾아 랑게네크를 버리고 타지로 떠났으며, 마을 중심가 상점들

도 하나둘 문을 닫았다. 이에 시장市長은 여러 건의 연구 용역을 의뢰했고, 이는 농촌 이탈을 막고 인구 구조의 변화를 이끌기 위한 몇 가지 전략의 전개로 이어졌다. 그러나 아무것도 제대로 되는 것이 없는 듯 보였다.

결국 간단한 방식으로 실험을 시작했다. 즉 마을의 탈바꿈을 조절하고 통제할 권한을 주민들에게 부여했다. 이 실험에는 무작위로 선정된 주민 15명이 초기 단계에 참여했다. 첫 번째 만남에서, 참가자들은 원하는 변화 목록을 작성하는 대신, 랑게네크에서 삶의 긍정적인 면에 대해 이야기했다. 가령 제과점 점원들이 여전히 고객의 이름을 불러주고, 동네에서 일하면 출퇴근이 필요 없어 가족과 더 많은 시간을 보낼 수 있다는 내용 등이었다. 참가자 그룹은 마을에서 삶의 질을 높이는 데 기여한 사람들의 명단을 만들었다. 200명이 명단에 올랐고 지역 축제에서 이들에게 감사를 표명했다. 참가자 그룹의 규모가 몇 달 새 커지면서 점점 더 많은 사람이 이 지역 탈바꿈 과정에 참여했다. 소규모로 다양한 조정 팀coordination team이 만들어졌다. 시장은 이러한 단체에 합류하지 않고 적극적인 주민들이 이 탈바꿈 과정을 주도적으로 이끌도록 했다.

그 후 20년이 흐르는 동안 랑게네크에는 많은 일이 일어났다. 시간이 지나면서 지역 계획에 자기조직화가 체계적으로 자리 잡았고, 이는 구조적 변화를 성공적으로 이끌었다. 지역의 비즈니스는 살아남아 번영을 누렸다. 호텔과 함께 상점이 문을 열었고, 어린이집 옆에 카페가 생겼다. 사회적 기업과 돌봄 시설이 세워지면서 새로운 일자리가 만들어졌다. 랑게네크의 인구수는 꾸준히 증가하고 있다. 주민들은 공유를 삶의 방식으로 받아들여 자동차, 계절별 교통카드, 전기 자전거 공유제를 도입했다. 랑게네크는 많은 태양광 발전 시스템과 바이오가스 발전소를 세우면서 에너지 자급자족 또한 선도했고, 2010년에는 유럽마을재생상European Village Renewal Award을 받았다. 랑게네크는 유일한 사례가 아니다. 지역과 지방 차원에서 비슷한 사례가 많다.

또 다른 예로, 여전히 진화하는 과정에 있지만 이미 상당 부분 변화와 발전이 진척된 미국의 한 지역공동체로 시선을 돌려보자. 바로 위스콘신주의 사우스우드카운티South Wood County, SWC다. 사우스우드카운티는 한 세기 이상 지역 경제의 대들보 역할을 해온 대형 제지공장들의 규모가 2000년 이후 축소되기 시작하면서 위기를 맞았다. 2005년에 이르러서는 지역 내 고용의 40% 가까운 일자리가 사라졌다. 제지공장의 일자리는 2000년에서 2010년 사이 35% 급감했다. 연이어 최대 규모의 지역 소유 제지공장이 한 다국적 기업에 매각되면서 생산량이 더욱 감소했다.

사람들은 제조업에서 새로운 일자리를 찾았으나 제조업 일자리는 거의 없었고, 통상적으로 구할 수 있는 일자리에서는 대다수 지역주민이 가진 것과 다른 기술이 필요했다. 일자리 부족은 너무도 심각했다. 게다가 주된 고용 창출원의 철수로 지역공동체는 그들의 전통적인 리더들을 잃었다. 제지공장 경영진이 공직자로 일하고 후원자 역할을 해왔기 때문이다. 이곳 사우스우드카운티의 상황을 개선하고자 인커리지지역재단이 발을 들여놓았다. 인커리지는 지역 기반 개발에서 참여형 접근 방식 모델을 만드는 것을 사명으로 하는 지역공동체재단이다. 이 재단은 최고, 최상의 지속 가능한 해결책이란 공동체 구성원들이 함께 모여 공동의 해결책을 정교하게 만드는 것이라고 믿었다. 그러나 이러한 해결책이 나오려면 주민들 사이에 새로운 의사소통 통로가 형성되어야 했다.

주민들은 지역 뉴스의 주된 매체로 수십 년간 「데일리 트리뷴Daily Tribune」과 지역 라디오 방송에 의존해왔다. 「데일리 트리뷴」은 원래 유료 구독자 수가 1만 4,000명이었으나, 2000년 이후 새 발행인이 신문사를 인수하면서 지역 뉴스를 점차 한 쪽 분량으로 축소해 다루었다. 곧바로 지역의 유료 구독자 수가 63% 감소했다. 그와 거의 동시에 널리 읽히던 기업의 사보 또한 회사가 축소되면서 사라졌다. 가장 가까운 TV 채널은 우드카운티 소식을 거의 다루지 않았다. 어떻게 하면 예전처럼 지역 뉴스를 잘 알리고 잘 알 수 있을까? 어떻게 하면 주민들 간에 더 많은 소통이 이루어질 수 있을까?

인커리지는 공동체 합의 형성 지원이라는 재단의 주된 목표를 가지고 나아가는 과정에서 이러한 난제에 맞닥뜨릴 것이라는 상상을 애초에 하지 않았다. 그러나 뉴스와 아이디어의 순환을 방해하는 이러한 장애물이 중요한 걸림돌이 되는 것으로 밝혀졌다. 확실한 해결책으로 온라인 소통을 염두에 두었으나 저소득층 가구의 3분의 1이 인터넷을 사용하지 않는 것으로 드러났다. 인커리지는 공동체 참여를 독려하기 위해 어떤 방식으로든 현장 더 가까이에서 시작할 필요가 있었다. 재단은 주민 80명 이상이 참여하는 포커스 그룹focus groups을 조직했다.

포커스 그룹은 지역 자원봉사자가 '테크 데이tech days'를 홍보하는 등 지역 정보 관련 난제를 해결하기 위한 조치를 개발하도록 도왔다. 이 주민 자원봉사자는 추후 지역 내 컴퓨터 학급 수요 정보를 수집했고, 이어서 컴퓨터 학급을 만들기 위해 도서관 리더들, 그리고 재단과 함께 일했다.

인커리지의 사우스우드카운티 활동을 내용으로 하는 2013년 사례 연구에서 재단의 한 직원은 "사람들이 나약한(그들의 아이디어가 상황을 개선할 수 있다고 믿지 않는) 모습에서 강력한(나의 아이디어로 상황을 개선할 수 있고 더 많이 배우고 싶다는) 모습으로 바뀌는 것을 보았다"고 회상했다. 이 직원은 인커리지는 '이탈離脫(참여하지 않음_옮긴이)'이라는 오래된 습관에 도전장을 던져야 하기 때문에 이러한 '선순환'을 독려하는 것이 재단 활동의 중요한 구성요소라고 지적했다. 인커리지지역재단 대표 켈리 라이언Kelly Ryan은 "인커리지는 문화를 변화시키고 있다. 주민들은 그들에게 힘이 있으며 상황을 개선할 수 있다는 점을 이해하기 시작했다"고 언급했다.¹

이러한 방식으로, 하나하나의 작은 모세혈관으로 시작하지만 주민들이 새로이 갖게 된 자신감을 이용해 그 하나하나의 혈관들이 더없이 빠른 속도로 증식하면서, 소통이 아주 잘되는 사회가 저변에서 구축될 수 있다. 소규모일지라도 포커스 그룹과 같은 의사소통 육성책은 그러한 공동체가 더 커진다는 의미 있는 결과를 낳을 수 있다. 이 '플라이휠 효과flywheel effect(처음에 추진력이 가해져 가속도가 붙으면 알아서 돌아가는 선순환의 원리_옮긴이)'는 적은 양이지만 표적에 직접 에너지를 투자하면 탄력을 받아 더 광범위한 변화가 일어날 때 나타난다.

　긴급한 사안인 인력 문제를 해결하기 위해 인커리지재단은 워크포스센트럴Workforce Central 조성에 적극적으로 투자했다. 워크포스센트럴은 워크포스솔루션스Workforce Solutions 사이트와 여러 부문의 인력 교육 사업을 지원하는 국영 펀드로, 사우스우드카운티의 사업체와 근로자들을 도왔다. 초기 포커스 그룹들은 재단을 도와 구직자 지원 단체들이 정보를 단체들끼리 공유하는 방식과 잠재적 근로자들과 공유하는 방식의 격차를 확인했다. 이 격차를 메우기 위해 인커리지는 지역의 기관, 조직, 기업과 접촉해 어떻게 하면 구직자를 위한 교육과 지원 서비스가 고용주의 요구사항에 더 효율적으로 부합할 수 있는지 정보를 공유할 수 있었다. 이런 식으로, 재단은 지역을 변화시키는 일에서 의도적으로 정보 지도를 그리고 정보를 이용하기 시작했다.

그 결과 위스콘신래피즈시의 동의하에 지역 내 기술전문 대학 교육생들의 교통비 감액과 같은 간단한 해결책이 나오고 지역 일자리에 맞는 특정 교육에 대한 신규 공유형 교과과정 도입과 같이 좀 더 복합적인 협업이 시행되었다. 정보 접근과 일자리 증가의 연관성에 대한 이해가 깊어지면서 워크포스센 트럴의 파트너들은 간단한 컴퓨터 조작만 가능한 전직 제지공 장 근로자들을 포함해 구직자와 실업자를 위한 자격증 교육에 디지털 문해력文解力을 포함시켰다.

이 일과 관련해 인커리지는 공동체 대화의 장을 75차례 이상 개최했으며 500명 이상이 여기에 참여했다. 한 주민은 별 로 참여하지 않았던 이웃과 친구들이 공공 모임에 나온 것을 보고 놀라워한 주민들의 모습을 전하면서 "공동체 대화의 장에 서 만난 몇몇 사람은 이전에 참여한 것을 본 적이 없는 단체에 서 온 사람들이었다"라고 밝혔다.[2]

중요한 점은 정보 수집과 공유 과정이 지역의 주민적 관 여 규범에 긍정적인 영향을 미쳤다는 것이다. 4,100명 이상의 주민이 2012년 공동체 조사에 응했고, 응답자의 59%가 미래 공동체 계획을 발전시키기 위한 토론에 관심 있다고 답했다. 조사에서 이 압도적인 응답률은 사우스우드카운티 주민 상당

수가 광범위한 공동체 과정에 기여할 준비가 되었다고 생각한다는 것을 보여주었다. 한 주민은 "5년 전만 해도 이런 종류의 일은 상상도 할 수 없었다"라고 말했으며, 다른 주민은 4,000명 이상이 조사에 응했다는 소식을 듣고는 "이전에는 다른 누군가가 이 일을 해줄 거라고 생각했지만 지금은 우리가 이런 일들을 실현시켜야 한다고 느낀다"라고 말했다.

켈리 라이언은 "일을 진행하는 동안 우리가 배운 것은, 정보는 그 자체적으로 생태계가 있고 공동체의 문화를 반영하며, (…) 부계父系 사회이고 의존적이며 강한 특권의식이 존재하는 문화를 완전히 바꾸기 위해서는 정보를 변화 전략에 포함시켜야 한다는 점이다"라고 언급했다.[3]

인커리지는 공동체 대화의 장에서 가능성을 보았고, 주민 참여가 새로운 참여 기획 과정으로 연결되도록 만들었다. 재단은 「데일리 트리뷴」 신문사가 규모를 축소하면서 떠난 시내 중심가의 대형 트리뷴 빌딩을 매입했다. 한때 제지공장이 군립했던 강기슭 한편에 위치한 그 시설을 어떻게 하면 가장 잘 사용할지는 주민들 스스로 결정하게 될 것이다.

현재 알려진 대로, 3년간 사우스우드카운티에서 2,000명 이상의 주민이 '트리뷴 사업Tribune process'에 참여했다. 인커리지는 주민을 공동체 조직자organizer로 교육시켜 주민들 간의 의사소통을 촉진했고, 건축설계회사 콘코디아Concordia(건축, 기획, 공동체 참여 부문에서 전문적 서비스를 제공하는 회사_옮긴이)를 고용해 공동체의 의사결정과 기획을 지도하도록 했다. 콘코디아는 지역의 지식과 경험을 공동체의 기획 과정에 포함시키면서 루이지애나주를 비롯한 미국 여러 지방에서 많은 실적을 쌓았다. 모든 주민에게 개방된 상태로, 기획 과정 자체를 트리뷴 부지와 가까운 노인서비스센터에서 진행했다. 광범위한 참여를 이끌기 위해, 아이 돌봄 서비스와 음식을 제공하고 저녁 시간 또는 주민들이 편하게 올 수 있는 시간에 모임을 개최했다. 이처럼 기획 과정의 지속과 성공을 위해서는 주의를 기울여 주민들의 요구사항과 선호사항을 살피는 것이 필요했다.

논의 초기에는 기획 과정을 위한 핵심 고려사항들을 확정했다. 지역경제 성장의 필요성에 더해 몇 가지 요소가 서로 많이 관련되어 있어 매우 중요하다는 데 동의했다. 이 요소들은 관계와 인간 잠재력의 가치와 중요성, 창의성, 지식, 혁신이다. 이러한 고려사항들은 우선순위를 정하고 상호보완적인 균형을 맞추는 데 기준이 되었다.

기획 시작 단계에서는 빌딩을 어떻게 사용할 것인지 결정했다. 최종기획안에는 요리하는 부엌, 아트 스튜디오, 창작활동 작업장, 공동체 회의실, 개방 공간이 포함되었고, 소규모 맥주 양조장과 위스콘신강 바로 옆에 오락용 임대시설을 짓는 것도 들어갔다. 맥주 양조장은 특산 맥주 생산이 위스콘신 중심부에서 확장할 가능성이 있음을 보여주는 지방의 경제 데이터로 인해 일정 부분 고무되어 포함되었다. 제지공장을 위해 '일하는 강working river' 역할을 했던 위스콘신강은 현재 환경 자산으로서 트리뷴 기획에 포함되어 있다.

기획 과정에서 콘코디아의 역할은 매우 중요했다. 먼저 이처럼 오랜 시간 지속해야 하고 다면적이며 주민 중심적인 과정을 진행할 역량이 이 지역에는 없었다. 두 번째로 주민들은 콘코디아 직원들을 '의제'를 갖지 않은 제3자 행위자로 인정했다. 소규모 그룹 토론을 촉진시키는 조력자로서 일했던 주민 공동체 조직자들의 역할 또한 중요했다. 기획 과정에서 자문 역할을 했던 외부 전문가들은 생경하거나 이질적인 아이디어 제공자로 인식될 수 있었다. 그러나 소규모 그룹 토론을 촉진시키는 주민 조력자들은 주민들이 이해할 수 있는 언어상 어감이 확실하게 파악되도록 했고, 주민들의 생각대로 최종결정을 내리도록 만들었다.

콘코디아는 지역 참여자들이 갖고 있는 수준을 넘어선 기술지식이 필요한 결정에 신뢰할 수 있는 정보를 주입하고자 인커리지재단과 협력해 여러 명의 외부 전문가를 영입해 기획 과정에 참여시켰다. 빌딩의 에너지 효율 특성 심의가 여기에 해당한다. 환경적 지속 가능성과 공동체에 대한 중요성을 주제로 한 한 초청 연사의 토론을 듣기 위해 많은 사람이 모였고, 이를 계기로 주민 중 많은 사람이 대단히 중요한 지원 집단이 되었다. 참여자들은 높은 건축 비용에도 불구하고 자연친화적 요소들, 효율적인 고정 설비, 패시브 설계passive design(건물의 배치, 기본 구조, 형태를 활용해 기계적인 냉난방, 환기, 조명 사용을 줄이거나 없애는 설계_옮긴이) 사양, 태양광 패널 등 최고 수준의 에너지 및 환경 설계 리더십LEED(미국 녹색건축위원회USGBC가 개발한 친환경 건축물 인증제도_옮긴이) 기준을 충족하는 항목들을 최종기획안에 포함하기 위해 투표를 실시했다. 이 빌딩이 공동체 내에서 건축물로서 최초의 지속 가능성 모델이 되어야 한다는 합의가 주민 기획자들 간에 이루어졌다.

트리뷴 모금 활동은 곧 있을 건설 계획과 함께 여전히 진행 중이다. 그러나 공사 부지 위에 걸린 현수막에 있듯이 "트리뷴은 단순히 빌딩이 아니다". 처음부터 인커리지재단의 의도는 더 잘 알고 더 많이 참여하는 공동체를 향한 추진력을 유지하는 것이었다. 초기 신호를 보면 그 과정에서 플라이휠 효과가 나타나고 있음을 알 수 있다. 전통적인 직업들이 광범위하게 사라진 충격적인 상황에서 시작해 열린 정보 통로, 워크포스센트럴의 지원, 트리뷴 빌딩 프로젝트라는 초기 작업을 거치면서 사우스우드카운티 공동체는 미래 설계에서 조치를 취할 수 있는 능력을 획득하기 위해 성큼성큼 앞으로 나아갔다. 이 중 일부는 기획 과정이 완료되고 1년 후 참여자들을 대상으로 실시한, 트리뷴 사업과 그 사업이 그들에게 미친 영향에 대한 조사 결과에서 확인된다.

많은 응답자가, 이 사업에 참여함으로써 다른 주민을 처음 만났고, 새롭거나 알지 못했던 정보를 공유했다고 밝혔다. 반 이상의 응답자는 더 많은 지역 정보를 들었거나 접했다, 또는 공동체 안에서 서로 연결이 강화되었거나 새로운 친구를 만들었다고 말했다. 그리고 주민들은 참여함으로써 공동체를 더욱 살기 좋은 장소로 만들기 위해 자기 몫을 다해야 한다는 책임의식이 더 강화되었다고 밝혔다. 주민 다섯 명 중 한 명은 선출직 관리와 접촉했고 여섯 명 중 한 명은 기획 과정에 참여함으로써 새로운 시민의 진취적 사업에 합류하거나 시민의 진취적 사업을 시작했다고 응답했다. 한 응답자는 "주민들이 일이 왜 일어나는지 혹은 왜 일어나지 않고 있는지와 관련해 더 많은 질문을 하고 있다. 내가 알기로 더 많은 주민이 자신을 드러내고 싶어 하며 실제적으로 중요한 조언을 하고 싶어 한다"라고 말했다.

주민들은 또한 그들 공동체의 미래를 더욱 낙관적으로 보며 참여한 결과 공동체 안에서 자부심이 커졌다. 이것은 트리뷴 사업이 다른 유사한 중재 활동과 함께 사우스우드카운티의 미래에 장기적으로 영향을 미칠 청신호로 작용할 것이다. 시장조사 기관 갤럽Gallup이 미국 전역에서 26개 공동체를 대상으로 3년간 실시한 조사 결과, 공동체 내에서 주민들의 자부심과 낙관론 정도는 주민들이 지니는 공동체에 대한 애착 정도와 상호 연관되며 공동체에 대한 애착은 지역의 GDP 성장과 매우 밀접하게 관련된다는 것이 밝혀졌다.⁴

트리뷴 사업은 사회 저변에서 주민들이 활동하도록 만들면서, 동시에 지역의 쇠락이 뻔히 보이는 신호를 지금도 진행 중인 영원한 변화의 상징으로 전환하기 위해 정성 들여 계획한 활동이었다. 또한 트리뷴 사업은 공동체라는 문화적 공감이 이루어지는 공간에서 다른 사람들과 사회적으로 연결되기를 바라는 사람들의 마음을 움직이는 장소 만들기placemaking(지역사회의 자산, 영감, 잠재력을 활용해 사람들에게 건강과 행복을 주는 공공장소를 만드는 협업 과정_옮긴이) 전략의 좋은 사례다. 성공적인 상당수 조직화 활동이 우연히 물리적 공간과 함께 시작된 것이 아니다.

　　마켓크리크플라자Market Creek Plaza로 알려진 샌디에이고의 시가지에서, 인종적 배경이 다양한 저소득층 주민들이 지역의 비영리단체와 손잡고 근린지역 내 문화와 상업 중심지를 개발했다. 자극제가 된 것은 제조업 일자리 상실이 아니라 수십 년에 걸친 지역 내 투자 부족 상황이었다. 그러나 사우스우드 카운티와 샌디에이고의 사례는 연관성이 있다. 두 사례 모두 사업 목표가 공동체의 이득을 위해 방치된 공간을 되찾으면서 동시에 공동체 변화에 많은 주민이 광범위하게 참여하도록 재정 지원을 하는 것이었다.

　　샌디에이고 사례의 '방식'은 제이컵스가족재단Jacobs Family Foundation, JFF(샌디에이고의 비영리단체_옮긴이)이 제이컵스근린지역혁신센터Jacobs Center for Neighborhood Innovation, JCNI(샌디에이고의 비영리 자선재단_옮긴이)와 함께 시작한 것으로, 두 재단은 샌디에이고 다이아몬드 근린지역에서 주민 중심의 발전 과정을 지원하기로 약속했다. 그 당시 다이아몬드 지역에는 약 8만 8,000명의 주민이 거주했고 이들이 사용하는 언어는 15가지가 넘었다. 샌디에이고 전체 가구의 중위소득이 4만 6,000달러인 반면에 다이아몬드 지역 가구의 중위소득은 3만 2,000달러에 불과했고, 이 중 3분의 1에 가까운 가구는 연소득이 2만 2,000달러 미만이었다. 제이컵스근린지역혁신센터는 근린지역 부양대책이 성공하려면 그 전개 과정에 주민이 참여해야 하고 관련된 모든 프로젝트 자산의 주인이 주민이어야 한다고 믿는다. 마켓크리크플라자의 상황에 비추어 보면, 프로젝트 초반에 자금 조달 체계를 세우는 것뿐만 아니라 문자 그대로 경제적 의미에서 프로젝트의 기획, 의사결정, 시행, 그리고 최종 소유권에 이르기까지 주민 참여를 촉진하는 것이 이에 해당한다. 마켓크리크플라자는 6년간 여러 단계를 밟으면서 실현되었다.[5] 제이컵스근린지역혁신센터 조직자들은 근린지역을 지원하고 지역과 관계를 구축하는 것으로 활동을 시작했다. 주민들에게 설문지를 발송하고, 지역 사업주들과 미팅을 갖고, 그들이 지역에서 보기를 원하는 것이 무엇인지 확인해나갔다. 주민들도 제이컵스근린지역혁신센터 지원활동 팀이 마련한 비전과 전략 미팅에 참여하면서 프로젝트가 모습을 갖추는 것을 도왔다. 동시에, 이러한 조언은 마켓크리크플라자의 개발을 견인하는 비전에 영향을 미칠 것이다.

제이컵스근린지역혁신센터는 또한 실질적인 프로젝트 작업에서 현재도 계속 가동 중인 여러 주민 팀을 만들고 지원함으로써 지속적인 주민 참여를 보장했다. 다양한 문화적 배경을 가진 주민들로 이루어진 주민 팀들은 여러 작업 분야에서 그 전략과 설계, 시행을 지원했다. 또한 주민 팀들은 마켓크리크플라자를 더 광범위한 공동체 네트워크와 관계 맺도록 했다. 제이컵스근린지역혁신센터는 주민들의 시간과 지식을 소중히 여겨 매일 작업 시행에 직접 참여하는 팀원들에게 급료를 지급했다. 주민 팀들은 대규모 모임으로 시작해 프로젝트의 특정 측면에 대해 서로 공유하는 비전을 발전시킨 다음 소규모 팀으로 나뉘어 프로젝트 시행을 감독했다. 지역공동체 팀들은 예술적 측면과 설계에서부터 사업 개발과 임대에 이르기까지 프로젝트 각 측면을 감독했다.

제이컵스근린지역혁신센터는 지역사회에 기술 역량을 구

축하기 위해 소수민족 건설 도급업자와 신흥 사업가들을 포함해 주민들을 대상으로 다양한 교육을 진행하고 역량 구축 기회를 조성했다. 또한 사업가들이 현재 운영하는 사업을 더 튼튼하게 강화하거나 그들의 사업 개념이 실행 가능한 계획으로 이어지도록 돕기 위해 실천 방식의 기술 지원과 지역 중소기업 발전 조합과의 파트너십을 통한 저비용 자본 활용 기회를 제공했다.

사우스우드카운티의 트리뷴 사업 사례와 마찬가지로 다이아몬드 지역주민들 역시 프로젝트 설계와 시행에 직접 참여했다. 여기에 더해 마켓크리크플라자는 지역에 대한 직접적인 경제적 소유권 조성을 통해 이 소유권 개념을 한 단계 더 발전시켰다. 주민들이 공개 공모IPO를 통해 개발 지역 내 '구역units'을 매입할 수 있게 함으로써 개인 소유권을 현실화했다.

오늘날 마켓크리크플라자는 4만 제곱미터 이상으로 넓어졌고, 지역 소유 음식점 여러 곳, 대규모 슈퍼마켓, 피트니스센터, 야외 원형극장이 들어서 있다. 모자이크, 토템, 벽화 등 야외에 전시된 공공예술품들이 마켓크리크플라자 지역 건축물들과 조화를 이루면서 근린지역의 다양한 인종적·문화적 집단의 예술적 전통을 투영한다.

이러한 장소의 탄생은 인간에게 매우 중요한 의미를 지닌다. 장소(라틴어로 topos-topi, locus-loci)는 그곳에 존재하는 것에 의해 정의된다. 어떤 장소는 '산 위에' 있고, 어떤 장소는 '강 옆에' 있으며, 어떤 장소는 '초원에' 있다. 인간은 무엇보다 본질적으로 장소에 존재한다. 즉 이러한 장소들은 우리에게 의미를 부여한다. '숲속에서' 사는 것과 '도시에서' 사는 것은 다르다. 도시 내에서도 장소들은 다르다. 교외 베드타운과 시내 중심가는 완전히 다른 장소다.

그러나 현대 도시 안에서는 그러한 장소의 의미가 점차 쇠퇴할 수 있다. 도시 안의 '도시 풍경'은 뒷골목 좁은 길, 공터, 철로, '사이사이 공간'으로 채워져 장소로서 도시 경관이 가지는 가장 중요한 특징을 상실한다. 이러한 도시는 마르크 오제 Marc Augé(프랑스 인류학자_옮긴이)의 유명한 말장난 표현처럼 "장소가 아닌 곳들non-places(프랑스어로는 non-lieux이며, 법적으로 장소이기를 면한다는 의미_옮긴이)"로 강등된다. 도시가 충분히 커지고 여기저기 도처에서 생겨날 때, 도시는 그 안에 다른 장소들이 둥지를 트는 하나의 장소로서 도시가 누리는 우수성을 잃는다. 그러나 인간은 장소가 필요하다. 거주하고 관계를 맺고 정체성을 확인하고 편하게 지내고 돌아갈 수 있는 장소가 있어야 한다. 가장 중요하고 창의적인 도시 프로젝트 중 하나는, 장소가 아닌 곳들이 산재해 있는 가운데서 장소를 되찾아 공동체가 삶을 누리는 중심지로 재생시키는 것이다.

이것은 마켓크리크플라자를 만든 사람들이 이룬 업적의 한 단면이며 인간적으로나 정치적으로 매우 중요한 부분이다. 그 자체로 예술적 창작의 성격을 띠는 업적이라고 할 수 있으며, 그 결과 예술적 창작은 더 나아가 장소의 의미를 더욱 명확하게 설명하고 가시성可視性과 강력하고 멋진 효과를 장소에 추가해 그곳에 거주하는 사람들과의 관계를 표현한다. 더욱이 많은 인종과 민족적 배경을 지닌 주민공동체의 예술적, 문화적 표현은 여러 문화가 공존하는 도시의 통합을 돕는다.[6]

마켓크리크플라자 조직자들에 따르면 이 프로젝트에서 터득한 가장 중요한 교훈 중 하나는 공동체 참여와 변화 소유권을 조성하고 유지하도록 도우려면 답을 제시하기보다 문제가 무엇인지 알아야 한다는 것이다. JFF와 JCNI재단을 대표해 회장 겸 최고경영자 제니퍼 배니카Jennifer Vanica는 다음과 같이 전한다.

우리는 사람들에게 이런 것이 필요할 거야, 그리고 우리 재단은 이런 것을 할 거야와 같이 우리가 머릿속에 넣고 있던 생각을 몽땅 버렸다. 그러고는 사람들에게 물었다. 어떤 변화를 보고 싶은지, 어떻게 변화를 시작할 건지……. 우리가 알게 된 것은 공동체 재활성화가 지속되려면 주민들이 '그들 자신의 변화를 소유'해야 하고, 변화 계획과 수행, 궁극적으로는 그 자산도 주민들이 가져야 한다는 사실이다. 우리가 해야 할 일은 주민들이 가진 지식과 자신들의 지역에 대한 사랑으로 만들어지는 창의성을 격려하면서 주민들 옆에서 일하는 것이다. 이것이 바로 비전이 탄생하고 기술 역량이 축적되고 주민들에게 혜택을 주는 가치가 창조되는 길이다.[7]

위스콘신과 샌디에이고의 진취적 사업에서 투자자와 조력자들이 계획한 목표는 주민들이 상상할 수 있고 실현 가능한 구체적인 프로젝트를 통해 지역민주주의가 작동하도록 시동을 거는 것이었다. 여기서 핵심은 주민들이 의사결정 과정에 광범위하게 참여한 결과 주민 간에, 그리고 주민과 외부에서 온 협력자들 간에 주민들이 진정으로 무엇을 원하는지 훨씬 더 제대로 인식하게 되었으며, 더욱 견고한 관계와 동맹으로 발전했다는 것이다. 프로젝트를 진행하면서 형성된 관계는 공동체 자산으로 남아 향후 지역 발전에 대한 심의 과정에서 효과적인 방식으로 사용될 수 있다. 게다가 점점 더 좋은 정보가 토론의 장으로 유입되어 주민들의 참여 역량이 강화되고 주민들에게 더 강렬한 참여 욕구를 심어주었다.

매사추세츠 로렌스시의 로렌스커뮤니티웍스Lawrence Community Works, LCW 네트워크는 약간 다른 사례다. 여기서는 공식적으로 조직된 네트워크 안에서 많은 주민이 연결되면서 더 강력한 시민행동 역량이 구축되고 있다. 로렌스커뮤니티웍스 네트워크는 개방형 환경이어서 주민들이 다양한 방식으로 여러 목적을 위해 관계를 맺을 수 있다. LCW 네트워크는 견고한 사회적 자본과 연결망이 새로운 리더십, 주민 참여, 도시의 변화를 발전시키기 위한 하나의 플랫폼 역할을 할 수 있다고 여긴다.[8]

네트워크 구축의 힘은 로렌스커뮤니티웍스에서 나왔다. LCW는 서비스와 자원을 주로 저소득층 주민들에게 제공하는 지역개발 법인이다. 이전에 섬유산업 중심지였던 로렌스시는 지금 미국에서 가장 가난한 도심지 중 한 곳이다. 로렌스시에서는 1970년대에서 1980년대에 제조업 일자리의 거의 반 정도가 사라졌고, 엎친 데 덮친 격으로 1990년대 초반의 불황으로시 고용 기반의 20%가 무너졌다. 점점 더 많은 수의 이민자가들어오면서 현재 인구수는 약 7만 5,000명이며, 이 중 대다수주민이 라틴계다. 소수의 경험 많은 조직자 그룹과 매사추세츠 공과대학MIT 도시계획 전공 졸업생들이 포함된 LCW의 리더들은 많은 주민의 참여 없이는 시의 엄청난 난제들을 극복할수 없다고 생각했다. 로렌스시에는 공공 인프라와 성공적으로운영되는 학교와 같은 공동체 자산도 부족하고 시민리더십(시민으로서 주인의식을 갖고 지역사회가 당면한 기회와 난제에 대처하기 위해 책임감 있게 행동하는 능력 또는 그러한 행동들_옮긴이)도 없었다. 이런 처지가 된 데는 공장주들을 비롯해 과거 시의 엘리트들이시에서 살지 않았을뿐더러 시민적 관여 유산도 남기지 않은 것이 어느 정도 원인으로 작용했다. LCW 리더들이 내린 결론은, 로렌스시가 궁극적으로 성공하고 지속 가능한 지역사회가 되기위해서는 시의 변화가 사회 저변에서 시작되어야 한다는 것이었다. 그런 다음 리더들은 지역개발 법인 입장에서 이례적인 무언가를 하자고 제안했다. 즉 수천 명의 주민이 지역 문제를 논의하고 작업을 하며, 리더십 기술을 연마하고, 도시를 바꾸기 위해 지역적으로 연결할 수 있는 프로세스를 촉진하는 것이었다.

로렌스커뮤니티웍스는 주민들 간의 느슨한 연결을 뒷받침하면서 근린지역 운동장을 만들어 관리하거나 방치된 골목길을 복구하는 등 개별 프로젝트에 집중하는 것으로 활동을 시작했다. 이 활동을 통해 LCW는 더 많은 주민을 공동체 모임과 기타 조직화 활동으로 이끄는 실적을 쌓았다. 더욱 다양하고 폭넓은 프로젝트를 지원하는 데 관심을 가진 사람들이 도움을 주기 시작했고, 이것은 일부 근린지역에서 더욱 포괄적인 재활성화 활동으로 이어졌다. 이와 동시에 주민들은 청년층, 금융이해력, 영어교실을 위한 근린지역 프로그램에 관심을 보였으며, 이는 가정을 대상으로 하는 LCW 서비스의 시작과 확장으로 이어졌다. 몇 년 후 LCW 직원들이 상황을 점검한 결과, 이러한 지원 활동이 주민들에게 직접적인 혜택을 주고, 그 덕분에 수많은 연결이 이루어지고 있었다. 이 시점에서 여러 네트워크 클러스터, 그룹, 위원회, 공동체 기관 등을 망라해 사람들을 연결하는 네트워크 구축이 LCW가 계획해 시행하는 하나의 활동 관행이 되었다.

LCW의 임원 빌 트레이너Bill Traynor는 "네트워크 구축이 의미하는 바는, [도시의] 개발은 인간의 관계공동체 인프라 구축에 관한 것이고, 이는 결과적으로 건물 인프라 건설로 이어질 수 있다는 것이다"라고 말했다.' 네트워크가 발달하면서 시민리더십이 길러지고 공동체 상황에 구체적인 변화가 일어날 것이다.

　　로렌스커뮤니티웍스는 심의 접근법을 이용해 네트워크가 자체적으로 구축되도록 만들었다. 로렌스시에 살거나 시에서 일하는 사람들은 누구나 LCW 네트워크 회원이 될 수 있다. 그리고 일단 네트워크에 들어오면 사람들은 참여할 수 있는 수많은 기회를 갖는다. 어떤 활동들은 주민들이 함께 모여 가정에서 요리한 음식을 나누어 먹는 등 그 주된 목적이 사회적 자본 형성에 있다. 조직화 노력에서 발전한 활동들, 예를 들어 '우리의 돈, 우리의 미래, 우리의 알 권리Out Money, Our Future, Our Right to Know'와 같은 활동은 공동체의 비전과 더불어 어떻게 하면 지방자치단체가 자원을 가장 적절하게 투자해 로렌스 근린지역의 삶의 질을 개선할지 논의하는 토론장에 더 많은 주민이 참여하도록 만드는 노력이다. 트레이너는 "중요한 점은, 수많은 다양한 문이 있다는 것이다. 일단 문을 열고 들어가면 네트워크상에 당신이 존재한다. 당신은 주위를 두리번거리며 들어가 참여할 수 있는 것들을 마주하고 그 문화를 이해하게 된다. 한 종류의 문으로 들어올 사람들은 통상 다른 종류의 문으로 들어오지 않을 것이다. 이것이 탈바꿈이고 새로운 지향과 정체성의 탄생이며, 이 위에서 미래 행동이 형성될 수 있다"라고 설명한다.[10]

이러한 접근법은 무엇을 제공할 수 있을까? 그 결실 사례를 몇 가지 소개한다.

LCW의 '지역 서클' 조직 전략을 통해 현재 수백 명의 네트워크 회원이 자원봉사자로 근린지역 프로젝트와 지역공동체 발전 활동에 참여하고 있다.

수십 명의 주민이 포더리더십연구소PODER Leadership Institute(LCW가 운영하는 3개월간의 교육 과정. poder는 스페인어로 '역량'이라는 의미_옮긴이)에서 지역조직자로서 교육받고 공동체의 리더가 되어 로렌스시의 삶의 질 개선 활동에 주민들을 참여시키기 위해 일하고 있다.

주민들은 LCW와 함께 '우리의 돈, 우리의 미래, 우리의 알 권리'를 『로렌스시 예산 소개서The People's Guide to the Lawrence City Budget』로 발전시켰다. 이 책자는 72쪽 분량으로 두 개의 언어로 발행되었다. 시의 세 가지 주요 예산인 운영 예산, 자본개

선 예산, 지역개발포괄보조금Community Development Block Grants, CDBG(미국 주택도시개발부가 운영하는 프로그램_옮긴이)과 주택 지원 및 투자파트너십 프로그램HOME Investment Partnership Program(미국 주택도시개발부가 운영하는 프로그램_옮긴이) 기금 예산에 대한 설명을 담고 있다. 소개서는 각각의 예산으로 책정된 돈이 어디서 나오는지, 그 돈으로 무엇에 자금을 대는지, 그 돈을 어떻게 사용할지는 누가 결정하는지, 주민들이 그 돈에 관여할 기회로는 어떤 것이 있는지 등을 설명하고 있다.

네트워크 구축 이후 LCW는 7,000만 달러 이상의 자금을 유치해 신규 근린지역 개발에 투자했다. 투자된 지역에는 15곳의 방치된 공터에 주택 162호를 짓고 신규 커뮤니티센터와 3곳의 신규 운동장을 세웠으며, 다양한 가족자산을 형성하고 청소년 육성 활동을 펼쳤다.

로렌스커뮤니티웍스는 로렌스시에서 공평한 개발과 경제적 정의를 옹호하는 주요 세력으로 등장했으며 매사추세츠주에서 가장 역동적이고 효과적인 지역개발 법인 중 한 곳이 되었다. LCW 네트워크에는 이미 수천 명의 주민이 연결되어 있으며 이들은 서로 관계를 맺고 지역의 프로젝트에 참여하는 방법을 탐색하고 있다. LCW 네트워크는 열려 있고 시간이 흐르

면서 변화하는 활동과 회원들에 맞추어 변화하고 있다. 그것이
바로 이러한 방식으로 사회 저변에서 조직화하는 것이 가져다
주는 이점 중 하나다. LCW 네트워크는 한정된 결과에 초점을
맞추기보다 생산하거나 창조하며, 지속적으로 참여하고 조직
해 동원하는 능력을 가진다. 네트워크 회원들은 서로 유대관
계를 계획하고 신중하게 형성, 강화, 유지해 도전이나 기회에
맞게 다양한 방식으로 계속해서 적극적으로 활동할 수 있다.

    지금까지 논의한 여러 프로젝트는 시민들이 주도권을 갖
고 착수한 것이며(대부분 여러 재단의 지원하에) 정부가 시작한 것
이 아니다. 모두 지역공동체 차원에서 자기조직화한 사례다. 그
러나 정부는 지역 차원에서뿐만 아니라 주 혹은 연방 차원에서
도 특정 문제에 대해 시민과 협의를 시작할 수 있다. 지난 수십
년간 많은 민주적 혁신이 학계 토론의 장과 정치계에서 나왔
고, 실제로 시민위원회Citizen Councils, 시민의회Citizen's Assemblies,
심의여론조사deliberative polls, 시민 참여형 예산participatory
budgeting과 같이 시험적으로 시행된 예도 많다. 이러한 정부 주

도형 프로젝트는 공통적으로 참여 유형이 대화를 기반으로 하고, 이 협의식 참여는 더 전통적인 대의민주주의 과정과 함께 하며 그 과정에 영향을 미친다.

정부 주도형 프로젝트의 구체적인 사례들을 살펴보기 전에 더 넓은 분야의 민주적 참여와 정책 결정을 간략하게 들여다볼 필요가 있다. 서구 많은 지역에서는 정당과 선거를 통한 전통적인 형태의 참여에 시민들의 관심이 줄어든 반면에 새로운 형태의 참여에 대한 중요성이 증가하고 있다. 사람들이 선거 때마다 정치적 결정권자들에게 지배권을 이양하는 것은 더 이상 만족할 만한 것이 못 된다. 시민들이 원하는 것은 대화에 합류하는 것이지 단순히 구경꾼으로 전락하는 것이 아니다. 시민들 입장에서 새로운 형태의 참여란 대안을 가지고 토론하고 정치적 행동을 할 영역을 되찾아오는 것이다. 그 어느 때보다 시민들은 준準자치 도시, 지역공동체, 지역과 관련된 것이든 공공의 영역을 위한 여러 계획과 관련된 것이든 그들이 살아가는 환경을 만드는 데 관여하고자 한다. 시민들은 새로운 형태의 정치적 참여 방식을 모색하고 있으며 그 성공 사례가 증가함에 따라 직접적인 참여를 요구하고 있다.

1990년대 이후 혁신적 형태의 시민 참여가 주목할 정도로 증가했다. 기획 절차의 틀 안에서 이루어지는 협의와 같이 완벽하게 구성되고 법적으로 체계화된 형태의 참여 또는 국민투표나 지방 정부 차원에서 실시하는 국민청원과 같은 직접민주주의의 고전적 메커니즘과 대조적으로, 혁신적 시민 참여 방식이 무엇인지는 아직 최종적으로 정의가 내려지지 않았다.

아일랜드 시민의회(인구노령화, 기후변화 등 논의)와 캐나다 브리티시컬럼비아주에서 진행된 선거 개혁 촉진 활동에서부터 기술 평가를 목적으로 덴마크에서 개최된 합의회의consensus conferences를 거쳐 인도 케랄라주 주정부의 정책 결정에 시민이 관여할 것을 지지한 지역의 진취적 활동에 이르기까지 상당수에 이르는 새로운, 대화 기반형 방식의 참여가 정부 주도형 참여의 동향을 증명한다. 이러한 정부 주도형 절차는 대부분 여러 차례 진행되고 조력자들의 지원을 받으며 전문가(학계 등) 지원도 받을 수 있다. 또한 단기적 이익(선거운동)을 초월해 미래 지향적 책임 있는(혹은 '열린') 태도로 공동의 정책 방안들을 전개하는 것에 맞춰져 있다. 주민들은 각자 관심사를 분명하게 설명하고 지역, 주, 국가 정책에 영향을 주기 위한 참여 기회를 점점 더 만들어 가고 있다. 여기에 더해, 온라인 도구와 기술들이 지난 10년에 걸쳐 상용화되면서 많은 주민을 움직이는 것이 가능해졌다. 비록 1970년대에 시작한 '참여혁명participatory revolution'이 거듭 좌절을 겪었으나, 근본적으로 그 참여혁명은 OECD 모든 회원국 시민이 이 전통적 민주주의제도와 관련해 다양한 강도로 표출한 소외에 대한 치유책을 내놓았다.

전 세계에서 지금까지 시도되어온 대화 기반형 참여 형태 영역은 확실히 넓다(참여 사례 모음은 participedia.net 참조). 수천 명이 참석하는 대규모 타운홀미팅부터 10~30명의 시민이 함께 하는 시민위원회, 플래닝셀planning cells(정책결정 도구로 사용되는 심의민주주의의 한 형태. 무작위로 선정된 다양한 배경의 참가자들이 주어진 문제에 대한 해결책을 만들고 그 결과를 관련 정책결정자들에게 권고안 형식으로 전한다_옮긴이), 합의회의와 같은 형식에 이르기까지 참여 형태가 다양하다. 대략 20가지 대화 기반형 절차와 방식이 현재 성공 궤도에 오른 상태이며, 증가 일로에 있는 온라인과 인터넷 기반 참여 과정을 통해 그 효율성이 강화되고 있다. 이처럼 다양한 형식의 참여는 기간(단 하루에서 몇 개월)과 참여자 수(10명부터 수천 명)에 따라 구별되며, 시민 참여자 모집과 선정 방식(자기 선택, 무작위, 목표 대상 선정)에 따라서도 마찬가지로 구별된다. 일부 방식(미래워크숍 등)은 원칙상 특정 문제에 관심 있는 사람은 누구나 참여할 수 있으며, 참여자들은 심사숙고해서 참여 과정에 관여할지 결정한다. 그 결과, 높은 수준의 정규교육을 받은 사람들을 비롯해 은퇴자와 학생 등 여가 시간이 많은 개인이나 집단이 미래워크숍과 같은 모임에서 과도하게 대변자 역할을 할 수 있다. 이러한 불균형적 대변자 상황은 때때로 조롱하듯이 '언제나 참석하는 일상적 참여자' 또는 '시민이 직업인 프로 시민'으로 일컬어지는 열성적 참여자들의 경우에도 해당한다. 이 문제를 지적하는 것이 매우 활동적인 시민들을 비판하려는 의도는 아니지만, 지혜위원회wisdom councils나 합의회의와 같은 참여 방식에서 사용한 무작위 모집 방식이 특정 이해관계에 휘둘리지 않도록 하는 데 도움이 되는 것은 분명하다. 반면에 목표 대상 모집 방식(조정mediation에서 실행되는 것처럼)은 조직자가 특정 개인 또는 다양한 집단의 대표자들을 초대할 수 있도록 해준다.

전반적인 협의 절차 영역은 사회 저변에서부터 민주주의 재건과 관련 있을 수 있다. 그러나 다시 한번 밝히는바, 이 책에서 우리는, 우리가 잘 알며 주민들이 단순히 주어진 특정 문제에 대한 해결책을 찾는 것이 아니라 솔선해서 무엇이 문제인지 명확하게 찾아내야 했던 상황에서 확실히 효과적이었다고 증명된 사례들로 한정하고자 한다. 잘 실행된 참여 과정이 분출

할 수 있는 창의성 표출 능력과 공동선共同善의 강조가 상당히 놀랍다. 그러한 과정에 참여한 직업 정치인들에게 이러한 협력을 통한 정책 수립 방식은 분명히 경이로운 경험일 것이다. 성공적인 시민 참여는 문제나 갈등의 다양한 측면뿐만 아니라 그 문제나 갈등에 영향을 미치는 다양한 원칙과 가치를 드러냄으로써 오늘날 정당정치의 거짓된 합의와 탈정치적 이야기들을 극복한다. 제대로 이루어진 시민 참여는 다양한 의견이 표출되고 시민들이 창의성을 발휘하도록 만들어 이전에 상상할 수 없었던 해결책들을 전개한다. 이것은 사람들이 자신과 다른 시민들의 견해를 비교하고 자기 입장을 포기할 필요 없이 상대적인 것으로 생각하도록 한 결과다.

자, 이제 몇몇 흥미로운 경험을 만나보자.

오스트리아 브레겐츠Bregenz의 프로젝트는 대화 지향적 시민 참여의 훌륭한 사례다. 도시개발 과정은 일반적으로 세심하게 통제된 환경에서 전개되며, 대개의 경우 권력을 동반한 많은 이해관계가 걸리고, 그만큼 많은 규제로 제약을 받는다.

수십 년간 이어진 정치적 교착상태 이후 2009년에 브레겐츠 시의회는 마침내 넓은 수변水邊 지역 개발을 위한 마스터플랜을 마무리할 수 있었다. 시민의 지지를 확보하고 기획 단계에서 시민들이 조언할 수 있는 길을 열어주고자 시의회는 '시민위원회'를 개최했다. 이 위원회는 참여정치의 한 모델로서, '포어아를베르크 모델Voralberg model'로 자주 언급된다.[11] 시민들의 견해에서 봤을 때, 시의 위임을 받은 많은 기획자가 매우 중요한 실수를 했음이 바로 명백하게 드러났다. 시민위원회에서 활동하기 위해 무작위로 선정된 시민 중 그 누구도 관련 분야 전문 자격증을 가진 사람이 없었지만, 시민위원 모두 이 프로젝트가 철로와 복잡한 도로로 인해 분리된 콘스탄츠호Lake Constance와 브레겐츠시를 이어주는 역사적 기회임을 인식했다.

브레겐츠시의 지혜위원회(시민위원회의 별칭_옮긴이)는 다양한 제안을 내놓았다. 그중 넓은 고가 보행도로를 마련해 공공장소(로마의 '스페인 계단'처럼)로 사용하자는 제안이 시의회에서 만장일치로 승인되었다. 이 사례는 지역주민의 지식을 효과적으로 활용해 공동의 선을 달성한 공공 참여의 역량을 분명하게 보여준다. 시민위원회는 (이 지역에 상점을 짓고 싶어 하는) 특정 이익집단의 대변인 역할을 하기보다 그들 도시의 미래에 대해 광범위하고 (그러나 대부분 침묵하는) 다양한 대중의 생각을 분명하게 알렸다. 이 안은 고급주택화, 도시의 퇴화, 사회적 소외라는 보편적 추세에 반기를 든 것이었다.

　미국에서는 비영리 단체들이 주로 주 또는 지역 차원에서 공공정책 수립에 주민들이 직접 참여하는 플랫폼을 만들고 있다. 그중 한 가지 사례가 오리건의 키친테이블Oregon's Kitchen Table, OKT이다. 무당파, 비영리 공동체 조직 그룹인 OKT의 탄생으로 심층적인 대중의 심의 활동이 활성화되어 오리건주가 직면하고 있는 문제에 도전하면서 앞으로 나아갈 길을 제시한다. OKT는 유용한 권고안들을 만들어내는 포괄적이고 사실에 기반을 둔 토론에 주민들을 참여시킨다. 최근 사례로는 포틀랜드 항구 청소 지침 마련에 시 전체가 참여한 것을 들 수 있다. 주민의 가치와 관점이 참여 과정을 거치면서 표면화되고 소통되며 다양한 인종과 민족, 난민을 대변하는 대표자들의 의견도 고려해 주 정부 차원에서 환경을 우선하도록 만들고, 마침내 미국 환경보호청이 포틀랜드 항구 슈퍼펀드 클린업Portland Harbor Superfund Cleanup 프로젝트에 초기 자금을 할당하도록 영향을 미쳤다. 이와 유사한 과정이 위스콘신주의 오클레어, 뉴햄프셔주의 포츠머스, 콜로라도주의 포트콜린스와 같은 지역에서 펼쳐졌고, 정책 수립에 대한 새로운 접근법의 정례화 요구가 봇물 터지듯 쏟아지기 시작했다.

국가 차원에서 성공적으로 시행된 시민 참여의 생생한 사례로 소위 말하는 시민의회가 있다. 그 첫 사례 중 하나가 2004년 캐나다 브리티시컬럼비아주에 등장한 시민의회다. 여기서는 시민 161명을 무작위로 선정해 선거제도를 어떻게 변화시킬지 토의하도록 했다. 선거개혁을 위한 시민의회Citizens's Assembly on Electoral Reform는 79개 선거구에서 각각 남녀 1명, 원주민 대표 2명, 의장 1명으로 구성되었다. 시민의회 구성원 선정 절차에서는 성별, 지역적 분포, 연령에 따른 대표자 배분을 고려했다. 시민의회는 구성원들을 공개 추첨으로 결정한 후 2004년 1월에 활동을 시작했다. 활동 과정은 세 개의 중점 단계로 이루어졌다. 첫 번째 단계는 12주 동안의 '학습 단계learning phase'로, 시민의회 구성원들은 전문가 강의와 그룹 토의를 통해 관련 정보에 광범위하게 접근했다. 이 단계에서는 현행 선거제도에 대한 비판적 논의에 주안점을 두었다. 두 번째 단계인 5~6월에 시민의회 구성원들이 첫 번째 단계에서 수집한 결과물들을 가지고 50개 이상의 공개강좌를 열었다. 세 번째 단계인 9~10월에는 구성원들이 다시 모여 대의권의 공정성, 지역의 대의권, 유권자의 선택을 생각할 때 어떤 선거제도가 브리티시컬럼비아 주에 가장 적합할지 토론했다. 마침내 세 번의 선거를 통해 서로 균형을 이루는 세 가지 실현 가능한 선거제도가 등장했다. 1년간 지속된 결정 과정을 거쳐 신중한 논의 끝에 시민의회는 단기 이양식 투표제Single Transferable Vote, STV(출마한 후보들에 대해 유권자가 선호 순위를 매겨 투표하는 선거제도_옮긴이)를 최적의 선거제도로 결정했다. 2004년 12월 10일, 시민의회는 선거제도를 SVT로 바꾸는 권고안과 함께 최종 보고서를 정부에 제출했다. 비록 SVT가 그다음 해 국민투표에서 정족수 미달로 부결되었지만, 이 시민의회는 시민 참여가 더 큰 정치적 규모에서 어떤 기능을 할 수 있는지 보여주었다.

　이러한 캐나다의 민주주의 실험은 아일랜드 시민의회의 모델이 되었으며, 아일랜드 시민의회는 2015년 동성결혼이라는 쟁점에 대해 헌법 개정을 이끌어냈다. 아일랜드는 2008년 경제위기 이후 정치적 개혁이 불가피했다. 애틀랜타박애재단 Atlantic Philanthropies Foundation(1982년 아일랜드계 미국인 사업가 척 피니Chuck Feeney가 세운 민간 자선재단. 노령화, 청년층, 인권, 빈곤, 진보적 활동에 기부해왔으나 2020년 10월 14일 재단 설립 목표를 달성했다고 선언한 뒤 해체함_옮긴이)의 지원하에, 정치학자 데이비드 패럴

David Farrell과 제인 수터Jane Suiter는 2011년 6월 '우리 시민들We the Citizens'이라는 이름으로 시민 모임을 조직했다. 처음으로 아일랜드 시민 100명이 전문 조력자 팀의 지도하에 만나 아일랜드의 개혁과 세금정책에 대한 문제점을 토의했다. 놀랍게도 시민들은 그들의 최종 보고서에서 세금 인하에 반대했다. 그 후 첫 번째 집회 결과물들이 국가 차원에서 시민의회를 조직하자는 의견과 함께 국회의원들에게 전달되었다. 새롭게 선출된 통일아일랜드당Fine Gael(아일랜드의 중도우파 정당_옮긴이)과 노동당 정부는 국가 주도의 시민의회를 소집해 헌법 개정 문제를 논의하는 것에 동의했다. 2012년 7월, 기후변화와 낙태 문제를 포함해 8개의 중점 주제가 아일랜드 의회의 결의안으로 확정되었다. 그 당시 아일랜드의 비정부기구 컨선Concern Worldwide 회장이었던 톰 아널드Tom Arnold가 새로이 설립된 헌법협의회 Convention on the Constitution 의장이 되었다. 현재 아일랜드의 대통령 비서실장을 맡고 있는 아트 올리리Art O'Leary가 그 당시 프로젝트를 위한 과학적 지원을 제공한 패널, 수터와 함께 아널드를 도왔다. 이전의 여러 집회와 달리, 아일랜드 정부는 무작위로 선정된 66명의 시민(성별, 연령, 지리적 분포를 고려한 대표자)에 더해 33개 선거구에 따른 33명의 국회의원을 포함시킬 것에 동의했다. 전문적으로 훈련받은 국회의원들이 부적절하게 토의 과정을 지배할 것이라는 두려움이 있었다. 사실 시민의회 모임 토론에서 중심이 되는 기준이 개방성, 공정성, 협력 관계라는 것을 아널드는 줄곧 염두에 두어야 했다. "모든 사람이 참여할 권리를 똑같이 가졌음을 주지시켜야 했다"고 아널드는 얘기했다. 참여했던 시민 중 일부는 참여의 권리 행사가 항상 동등하게 이루어진 것은 아니라고 말했지만 말이다.

2013년 4월, 시민의회는 헌법 개정을 위한 여러 확장적 제안과 동성결혼 도입 여부를 비밀투표로 결정했다. 찬성 79명, 반대 19명, 기권 1명이라는 분명한 표결 결과에 따라 엔다 케니Enda Kenny 총리는 동성결혼에 대한 찬반을 국민투표에 부칠 것을 촉구했다. 2015년 5월 22일, 아일랜드 국민의 62%가 동성결혼 도입에 찬성표를 행사했고, 이는 헌법 개정 요구로 이어졌다. 아일랜드의 시민의회는 극도로 첨예한 논쟁조차 시민 참여를 통해 해결할 수 있음을 보여주었다. 시민 참여자들은 학습 과정을 거쳤고, 일단 새로운 정보를 알게 되거나 다른 사람들의 관점을 이해하게 되면 생각을 바꾸는 경우가 많았다. 아일랜드 정치계와 미디어는 회의적 시각을 갖고 있지만, 잘 조직되고 전문적으로 결성된 모임들이 진행하는 건설적인 작

업은, 국가 차원에서 첨예한 쟁점들에 대해 해결하고자 하는
정치적 의지 형성을 위한 초석 역할을 성공적으로 해낸다.

　비록 이러한 사례들이 다양한 지역에서 전반적인 시민 참
여의 발전을 보여주지만, 광범위하고 체계적인 시민 참여의 제
도화 그리고 연관된 자명한 참여 문화의 탄생은 여전히 이루어
지지 않고 있다. 지역과 지방 차원에서 시민 참여를 점차 제도
화하고 관련 법적 체계를 발전시키는 것을 목표로 하는 유망한
움직임이 몇 군데에서 관찰되고 있다. 대표적인 사례가 독일
하이델베르크시의 경우로, 시는 대중 참여를 위한 시립조정실
을 만들었다. 이는 지역 차원에서 이루어진 참여 과정의 점진
적 제도화로 여겨질 수 있다. 시립조정실이 다루는 주제 범위
에는 도시계획, 토지 이용, 기후 보호 등이 포함된다. 시립조정
실municipal coordination office의 업무지침과 활동은 현행 기획제안
서 공개 목록과 함께 시의 대중 참여를 위한 법적 지침을 통해
공식적으로 공지된다. 이 공지는 제1차 지방의회 심의 훨씬 전
에 온라인으로 이루어진다. 따라서 시민들은 필요하다고 생각

되면 더 많이 참여하겠다고 요구할 수 있다. 여러 다른 지방과 많은 자치단체 당국이 하이델베르크 시립조정실의 선례를 따르고 있다.

오스트리아 서쪽 끝에 위치한 포어아를베르크주는 2013년에 직접민주주의뿐만 아니라 참여민주주의를 주헌법에 포함시켰다. 그러고는 시민위원회를 발족시켜 난민 문제를 논의했다. 2015년, 포어아를베르크주 정부는 미래청State Office of Future-Related Issues(Büro für Zukunftsfragen)과 시민사회조직 운영위원회에 새로운 주 헌법 체계에 맞추어 시민위원회 소집을 요청했다. 시민위원회의 임무는 포어아를베르크 지역의 망명과 난민정책을 성찰하고 급증한 난민 수(2015년 5월 망명 신청 수는 2014년 5월 대비 250% 증가)와 관련된 질문들을 놓고 토의하는 것이었다. 포어아를베르크주는 난민 신청 수 증가로 이어진 세계화 전개에 지역사회로서 어떻게 대응해야 하는가? 난민을 용이하게 받아들이기 위해 무엇을 할 수 있는가? 다양한 참가자와 협력자들(난민, 시민, 언론, 정부, 기타 기관)의 행동을 어떻게 조정해 새로운 난제들을 타개할 수 있는가?[12]

다양한 의견과 생활방식이 확실하게 반영되도록 23명의 시민위원회 구성원을 추첨으로 소집했다. 그 결과 시민위원회는 연령(18~75세), 성별(남성 12명, 여성 11명), 출신 지역 등 여러 측면에서 다양하게 구성되었다. 또한 토의 과정에서 난민과 망명 신청자들의 관점이 구체적으로 반영되도록 시민위원회 구성원의 적어도 20%를 반드시 난민 혹은 이민자 가족 출신 중에서 선정하도록 했다.

첫 번째 단계로, 시민위원회는 이틀에 걸쳐 비공개회의를 갖고 공동 성명을 발표했다. 참여자들 간 건설적이고 창의적인 협업을 보장하기 위해 역동적 촉진Dynamic Facilitation(미국의 경영 컨설턴트 짐 도Jim Dough가 개발한 개방형 그룹 토의로 8~20명이 참여하는 것을 이상적으로 여긴다. 참여자의 창의성을 통해 해결책을 찾고자 한다_옮긴이) 방법에 익숙한 네 명의 조력자가 심의 과정을 체계화했다. 가장 주목할 만한 점은 공동 성명에 담긴 성공적 공존을 위한 일반 조건에 대한 세부적 성찰로, 지역주민과 난민이 접촉할 수 있는 기회의 중요성과 난민들의 원활한 노동시장 진입을 통한 자립 강화 필요성을 강조했다. 또한 공동 성명에서는 그러한 일반 조건들을 실현하기 위해 필요한 실제적 단계들을 정교하게 다듬었다. 예를 들면 망명 신청자들의 교육 및 훈련의 필요성 인정, 지역에서 난민들이 쉽게 구할 수 있고 그들에게 적합한 일자리 확인 등이다.

시민위원회 구성원, 즉 참여자들에게 이러한 시민위원회 첫 번째 단계를 거치는 동안 경험한 것에 대해 물었을 때, "모든 사람은 변화를 일으킬 수 있고 무언가를 할 수 있다. 이 점은 우리 모두에게 중요하다"고 입을 모아 이야기했다. 모든 참여자는 또한 워크숍 개최를 통해 두려움과 의혹 대신 실질적인 해결책을 찾는 데 집중할 수 있었고, 새로운 정보를 더 많이 받아들임으로써 자신들이 가졌던 오래된 편견을 버리게 되었다고 생각했다. 끝으로, 개인적으로 이주 경험이 없는 시민 참여자들은 토론을 통해 난민과 이민자들의 운명에 대해 더 관심이 생기고 더 염려하게 되었으며, 그 결과 지금은 그들에게 더 마음이 가고 그들이 잘되고 행복하기를 원한다고 이야기했다. 이와 같이, 참여 과정 시작 단계임에도 시민위원회는 이틀이라는 한정된 기간 안에 Chapter 1에서 개략적으로 설명한, 우리가 생각하는 심의공동체 네 가지 구성 요소의 발전 사례를 제시했다. 그 네 가지 구성 요소는 공동체 차원에서 총체적 행위주체감 (자신의 행동이 결과를 야기한다는 주관적 경험_옮긴이) 형성, 포용적 연대감과 신뢰, 총체적 창의성, 목표와 지식의 부합성이다.

시민위원회의 활동 결과와 경험을 지역공동체에 널리 확산시키기 위해 후속 단계를 이어갔다. 시민위원회 첫 회기를 마치고 며칠 후 시민사회조직 운영위원회는 두 번에 걸쳐 공개 토론회 '시민 카페Civic Cafés'를 개최해 시민위원회의 공동 성명을 발표하고 설명을 거쳐 토론을 진행했다. 이 두 번의 공개 모임을 통해 공동 성명으로 나온 제안들이 널리 수용되었을 뿐만 아니라 총체적 행위주체감과 책임감이 지역공동체 내 시민위원회 안에 조성되었다. 참여자들은, "두려움을 줄이는 개발에 대처할 방법을 찾는 태도와 도움을 주려는 의미에 관한 것"이라는 등의 주장을 함으로써 이러한 의식을 표현했다.

시민위원회 과정의 세 번째 단계로서, 대응 팀은 7월에 만나 앞서 진행된 단계의 결과를 평가하고 기관 차원에서 해결책을 발전시켜나갔다. 대응 팀 인력은 난민과 망명 문제를 행정적 차원에서 처리하는 주무 기관 대표자들과 시민위원회 과정을 세우는 데 참여했거나(미래청 대표들, 시민사회조직 운영위원회 위원들) 시민위원회 자체에 참여한(참여자 중 1명과 조력자 중 1명) 사람들로 구성되었다. 대응 팀의 임무는 두 가지였다. 첫째, 여러 관련 기관의 활동과 책임을 조정해 망명과 난민 문제를 더욱 효과적인 방식으로 시민위원회의 권고안에 따라 처리하려고 노력했다. 둘째, 지역공동체 차원의 자원봉사 기회 조성 요청을 처리했다. 세 번째 단계는 시민위원회의 아이디어를 구체적인 정책과 행동으로 옮기는 데 결정적 역할을 했다.

특히 '포어아를베르크 모델'은 시민위원회를 위한 헌법적 틀을 제공할 뿐만 아니라, 촉진방법 사용이나 여러 단계의 과정 설계와 같은 심의 내부 체계와, 정치기관 및 행정기관과의 연계와 관련해서도 시민협의가 신중하게 설계되어야 한다는 사실을 고려한다.

시민 참여를 더 광범위한 체계 안에서 제도화하고 공고히 하려는 이러한 시도들이 앞으로 성공하더라도, 참여민주주의의 성공 가능성은 사고와 행동 면에서 대체적으로 여전히 대의 정치와 함께하는 기존 논리에 제약을 받는다. 정치인과 공무원 입장에서 볼 때, 우리가 여전히 마주하게 되는 주된 장애물은 변화를 받아들일 수 있는 개방성과 준비성 부재, 자원(자금과 인력) 부족, 불안감, 저항, 그리고 참여 과정에 대한 지식 부족이다. 그러나 한 가지는 확실하다. 시민들의 정치 참여 욕구와 기꺼이 참여하려는 마음가짐은 현재 존재하며 가까운 장래에도 줄어들지 않을 것이라는 점이다. 정치인과 공무원들은 이러한 시민 참여를 공익公益을 지향하는 건설적인 결과로 전환시킬 수 있고, 그렇게 해야 자신들에게 부여된 시민 대표자로서의 정당성이 강화될 수 있음을 알아야 한다. 그렇지 않으면 시민 참여는 그 자체가 점점 더 불안, 저항, 정치적 교착상태 안에서 표출될 것이다.

시민 참여는 민주주의가 다시 살아나도록 돕는 것에 그치지 않을 것이다. 그것은 또한 지속 가능성으로의 변화 같은 문제와 관련해 대의민주주의 국가의 문제해결 역량 또한 강화할 것이다. 그러한 변화에는 구체적인 특성과 혜택(풍력 대 태양열 발전 등)을 가늠하는 것뿐만 아니라 사회 전체의 보편적 발전 방향과 관련해 근본적인 결정을 내리는 대화 기반형 과정이 필요하다. 지속 가능한 변화는 삶의 질, 지배적인 생활방식과 그 대안들, 장소 창조 개념 등에 관한 문제를 다룬다. 여러 의견과 달리, 혹은 에너지 전환(또는 한층 더 지속 가능한 미래를 향한 변화)을 시작하는 정치인, 행정가, 사업가가 인식하는 것과 달리, 이것은 엔지니어와 전문가에게만 중요한 프로젝트가 아니며 상당한 사회적·정치적 동원을 수반하기 때문에 "모든 사람의 프로젝트"다. 예를 들어 지역공동체 또는 지방에서 석탄 생산을 단계적으로 중단하기 위한 전략을 실행하려면 시민들이 실질적으로 협력할 수 있어야 한다. 우리의 경제적 모델에 대한 훨씬 더 포괄적인 논의 또한 필요할 수 있으며, 특히 돈벌이가 되는 일자리의 개념과 다량의 자원에 대한 우리 경제의 의존성에 관한 논의 역시 필요할 수 있다. 사회적·생태학적 경제정책을 성장 지향적 케인스식 정책에 대한 대안과 소비 감축의 필요성 차원에서 논의할 수 있다. 물론 그러한 질문들은 다분히 추상적인 용어로 표현될 수 없으며, 답을 내리기 전에 특정 지역과 지방 프로젝트의 구체적인 사례들을 참고해 유불리를 신중하게 검토해야 한다.

그것은 토론이 필요한 기술혁신이라기보다 대체로 사회의 미래에 관한 것이다. 단순히 정해진 도시 인구가 앞으로 수십 년 동안 어떻게 탄소 배출량을 과감하게 줄일 수 있는지에 관한 기술혁신 문제라기보다 사람들이 향후 10년 또는 30년 후까지 이끌고자 하는 삶의 방식, 그리고 그들이 발전하고자 하는 전체적인 방향에 관한 것이다. 따라서 시민 참여가 충분할 정도로 이루어져 중·장기적인 미래에 대한 시민들의 견해가 관심 대상이 되고, 이 시민들의 견해가 적절한 담론 형식으로 표출되어 이 담론이 입법기관과 행정기관에 의해 선택되어야 한다. 요약하면 시민의 관점을 보장하는 담론이 의사결정의 근거가 되는 것이다.

이를 위해 클라우스 레게비Claus Leggewie(독일의 정치학자_옮긴이)와 파트리치아 난츠Patrizia Nanz(독일의 정치학자_옮긴이)는 '미래위원회future council'를 제안했다. 이들이 제안하는 미래위원회는 미래 지향적인 중요한 질문과 가능한 해결책을 인식·확인하고 알리는 상설기구다.[13] 위원은 무작위로 선정된 15~50명으로 구성되고, 이들은 특히 세대 간 혼합과 관련해 지역 인구를 대표하는 표본을 제공한다. 위원회는 정기적으로 회의를 소집해야 하며 위원들에게 2년 임기 동안 활동 경비를 충당하도록 적정 수준의 수당을 지급해야 한다. 조력 분야에서 경험을 쌓은 행정지원 팀이 위원회의 운영과 관리를 지원해야 한다.

미래위원회는 지역에서 지방, 국가, 대륙에 이르기까지 다양한 정치 지형에 걸친 네트워크를 조성함으로써 지역 차원과 그보다 높은 차원의 독립체 간 상호작용으로 발생하는 난제들(다차원적 거버넌스 난제들)과 지역 차원에서 해결해야만 하는 글로벌 이슈들을 다루는 활동을 돕는 조직이 될 수 있다. 미국 정치의 상투적 표현(더불어 한마디로 서구의 '세방화世方化, glocalization [현지화를 통한 세계화_옮긴이]')을 새롭게 재해석한 것으로, 모든 정치는 지역적이며 세계적인 효과를 낳는다.

이 두 정치학자가 제안한 미래위원회는 장기적인 난제 해결을 위한 지속적인 수단을 제공하고 비록 발생 가능한 이해충돌 문제가 무엇인지 아직 분명하지 않을지라도 미래 세대(현재 20대 이하를 포함해)에 영향을 줄 수 있는 장기적인 프로젝트(적어도 10년을 내다보는 기획하에 추진되는 프로젝트)를 제시할 것이다. 이러한 미래위원회의 중점적인 활동이 오늘날 정치의 특징인 '현재주의presentism(미래도 과거도 존재하지 않는다는 철학적 관점_옮긴이)'를 견제해 정치에 균형을 잡아줄 것이다. 현대 정치에서 그 주역들은 언제나 다음번 선거를 의식하고 최근 여론조사 결과를 주시하거나 어렴풋이 보이기 시작하는 분기별 평가에 눈을 돌린다.

다룰 수 있는 주제는 무궁무진하다. 이를테면 디지털 정보통신 기술 도입을 통한 탄광 지역의 변신이나 경영계와 사회의 변화 등이다. 이러한 변화는 일자리, 프라이버시, 정치(그리고 다양한 형태의 대중 참여)에 지대한 영향을 미칠 것이다.

미래위원회는 집단의 결속력 유지, 파벌 등장 방지, 효과적이고 공정한 의사소통 촉진, 창의적인 집단활동 과정 조성에 목표를 두고 설계해야 한다. 이러한 목표를 이루기 위해, 미래위원회는 지역 차원의 참여자 수를 15~20명으로 하고 여기에 주와 연방 차원의 참여자를 포함해 위원이 최대 50명을 넘지 않도록 구성해야 한다. 인구 집단의 이질적 구성을 적절하게 반영할 수 있도록 조건부 무작위 선정qualified random selection으로 위원을 선출해야 한다. 모든 연령대를 공정하고 공평하게 대표할 수 있도록 하고 성별 균형을 우선적으로 고려해야 한다. 이에 못지않게 교육 배경이 다양한 시민과 함께하고 이민자도 적절한 정도로 포함하는 것 또한 중요하다.

행정 팀과 조력자들은 지원 체계를 갖추어 양질의 커뮤니케이션이 유지되도록 하고, 시민들이 그들의 작업 과정을 독립적으로 광범위하게 체계화하도록 지원해야 한다. 이러한 대중 참여 모델이 성공하기 위해서는 지역 의회, 주 의회, 연방 의회와 미래위원회를 연결하는 피드백 메커니즘을 반드시 법에 명시하거나 의무적으로 시행하도록 해야 할 것이다. 이러한 메커니즘은 미래위원회가 제기한 문제의 해결 여부와 해결 방식에 투명성을 제공해야 한다. 그리고 이러한 메커니즘의 도입으로 의사결정 기관들에는 그들의 활동(또는 활동 부재)을 미래위원회, 지방자치단체, 그리고 지방 전체에 합리적 근거를 들어 설명할 의무가 부과되어, 당장 혹은 물론 향후 수개월, 수년 내에 반드시 정당성을 입증해야 할 것이다. 이 의무를 관련 절차 규

칙에 명시해 미래위원회, 국민, 정치지도자들이 대등하게 의미 있는 대화에 참여하도록 만들어야 한다. 미래위원회에는 그들의 활동을 정기적으로 보고할 의무가 부과되며, 이는 행정부와 입법부가 합당한 기간 내 숙고하고 대응해야 하는 것과 같은 이치다. 미래위원회의 활동 결과물과 권고안이 정치적 과정에 중대한 영향을 미치는 경우에는 국민투표로 유권자들에게 의견을 물을 수 있다.

우리는, 자문그룹(특정 기획 과정 또는 결정을 중심으로 조성된 미래위원회와 임시시민참여단의 네트워크)을 제4권력으로 칭하면서 기술관료적 수단 또는 혁명적 수단을 동원해 민주적 권력 분산이나 진정한 대의민주주의 자체를 훼손하려는 것이 아니라 현대의 분권 상황에서 사회 저변에 있는 많은 사람의 지혜를 모아 그 둘 모두를 지원하려는 것이다. 자문그룹은 이전 민주 단체들의 단점을 어느 정도 보완할 수 있다. 예를 들면, 미래위원회는 가치 갈등을 표현할 수 있는 광장을 제공해 증가하는 정당정치의 탈정치화를 상쇄하고 잘 조직된 이해관계자들이 우리 미래에 영향을 미치는 핵심 문제들에 군림해 결정을 내리는 일이 일어나지 않도록 할 수 있다. 도시개발 과정에서 민간 투자자들의 커진 영향력이 (산업계에 잘 알려진 정실주의, 부패와 더불어) 떠오른다.

　또한 미래위원회는 먼 미래를 내다보고 결정하거나 위험 부담이 큰 결정을 내리는 것에 책임을 공유하고 난제 해결을 위한 참여 과정에서 위원들이 가진 다양성과 건설적 지혜를 발휘하도록 함으로써 정치 주역들에게 가해지는 과도한 압력을 완화할 수 있다. 미래위원회는 시민, 정치인, 전문가, 정부기관 간 협력을 촉진함으로써 정치적 행동 영역을 크게 확장하고 총체적으로 대의민주주의를 강화할 수 있다. 그러나 이는 기존 정치기관들이 기꺼이 시민들에게 미래 난제를 해결하는 데 중요한 역할을 부여하고, 정치기관들은 기꺼이 진정 어린 대화에 참여하며, 대중의 조언에 응답해 분명한 피드백을 제공할 것을 보장하는 경우에 한해서다.[14]

　성공한 시민 참여 프로젝트에 대한 논의를 마치기 전에, 우리는 참여 확대가 어떻게 과거 동독 라우지츠 지방의 한 곳과 같은 공동체의 운명을 개선할 수 있을지 생각해보아야 한다. 그곳에서는 오랫동안 대규모로 석탄을 채굴해왔다. 국가 차원에서, 즉 내각의 장관들 사이에서, 현재 지구의 심각한 상황을 고려한 명백한 이유로 특히 구동독의 여러 주는 에너지 전환이 필요하다는 데 합의가 이루어지고 있다. 그러나 라우지츠 지방에서는 자체적으로 석탄의 단계적 폐기에 동의할지에 대한 합의가 논의되고 있다.

라우지츠 상황은 미국 애팔래치아 상황과 비슷하다. 라우지츠 지방은 지역경제활동의 중심 부분을 잃는 것에 적응해야 할 것이다. 지역공동체의 근로자와 주민 개개인에게는 채굴 전문가로서의 삶과 연결되고 채굴에 경제적으로 의존하는 사회 및 가족 네트워크와 연결된 정체성 문제가 존재한다. 전 세계 수많은 지역에서 이루어진 석탄산업 전환은 기술적 측면만 중시하고 구조적 변화로 인한 사회적 혹은 정치적 측면을 간과했다. 즉 탄광 폐쇄로 인한 결과를 관리하기에 급급했을 뿐 사람들이 마주하는 불확실성을 선제적으로 해결하지 못했고, 사람들에게 권한을 부여해 자신들이 살아가는 지방에 일관된 비전과 대안 전략을 전개해나가도록 하지 못했다.

독일에서 연방 정부와 여러 주 정부는 최근 라우지츠 지방에 상당한 액수의 자금을 지원했다. 새로운 연방법안 초안(2019년 8월)을 보면 2038년까지 라우지츠 지방의 인프라와 경제발전을 지원하기 위한 정부 보조금으로 대략 170억 유로가 책정되어 있다.[15] 작센주 총리와 브란덴부르크주 총리는 70개 프로젝트 목록을 발표했다. 목록에는 베를린행 고속철도 건설, 관광사업 육성, 신규 연구소 설립 등이 포함되어 있다. 막연히 추정컨대, 이러한 프로젝트가 라우지츠 지방을 경제적으로는 재생시키겠지만 진정으로 주민 전체에게 장기적인 이득이 될지는 알 수 없다. 더 자세히 들여다보면 위급한 문제를 대하는 관점들이 상충하고 있음을 알 수 있다. 그 문제가 일자리에 관한 것인가? 혁신적인 사업을 유치할 지역의 개발에 관한 것인가? 아니면 라우지츠 지방의 정체성에 관한 것인가? 국민 정체성까지도 관련된 문제인가? 라우지츠 지방의 변화를 통한 성공은 단순히 자금을 지원받는다고 이룰 수 있는 것이 아니다. 성공을 이룰 수 있는 변화는 지역 참여자들과 주민들이 반드시 함께해야 가능하다. 물론 이들은 지방의 탈바꿈 과정에서 적극적인 일부가 되는 것에 관심을 갖는 사람들이다. 변화해 성공하기 위해서는 잘 조직된 그리고 진정한 시민 참여가 필요하다. 따라서 우여곡절이 있겠지만, 요점은 다음과 같다. 어떻게 하면 지역공동체가 자신들의 운명을 결정지을 일들을 맡아 능동적으로 대처하도록 격려하고 지원할 수 있는가? 정책 문제들을 정의하고 미래에 나아갈 길을 만들어내는 데 지역 참여자들의 협업은 어떤 모습이어야 하는가? 한편 시민 참여는 정치기관들과 연결되어야 하며 지역 탈바꿈으로 새롭게 시작되는 정치 구조를 위한 일종의 운영체계가 되어야 한다. 이러한 상황에서는 우리가 사우스우드카운티에 관한 논의에서 설명한 일종의 일관성 있는 프로젝트가 긴요할 것으로 보인다. 그러나 아직 그 어떤 것도 곧 일어날 것 같지는 않아 보인다.

오늘날 많은 사람이 자진해서 고립된 상태로 지내면서 정치에 등을 돌리거나 새로운 정체성과 관심을 기반으로 하는 공동체를 형성한다. 여기에 제안된 협의적 접근법은 시민들의 근본적 신념과 시민들이 갈등을 빚는 지점을 알아주고 동시에 공공의 이익을 위해 조정할 수 있음을 보장하는 제도화된 참여 영역을 만들 것이다. 이 영역은 우리 공동의 미래를 우리가 어떻게 만들 것인가에 관한 것이어야 하며 그 안에 모호한 약속이 들어설 자리는 없다. 민주 정부의 입법부와 행정부는 시민 참여자들이 협의를 통해 이끌어낸 결과물들을 정치 과정에서 고려할지 여부와 어떤 결과물까지 반영할지에 대해 반드시 의견을 밝혀야 한다. 이것은 시민들의 협의 과정이 선출직 대표자들의 의사결정권과 똑같은 힘을 가져야 한다는 의미가 아니다. 여기서 우리의 판단 기준은 해나 아렌트의 정치영역 개념이다. 이것은 정치인의 활동 또는 정부나 행정의 사회적 시스템과 대조적으로 공공의 공간에서 일어나는 공동 활동의 중요성을 강조한다. 아렌트의 이론은, 일상적인 인간관계를 뛰어넘어 공동심의 과정을 거치면서 경험하는 커뮤니케이션을 통해 쉽게 알 수 있는 정치적 합리성을 강조한다. 우리는 이러한 이상적이고 지속적으로 펼쳐지는 정치적 삶의 차원을 유지함으로써 시민으로서 우리의 역할이 민주적 자기결정을 위한 이러한 공유 공간을 만드는 것임을 깨닫는다.

미래위원회와 같은 시민 참여의 제도화는 참여민주주의 수립을 향한 중요한 발걸음이다. 이러한 제도화는 광범위한 사회 학습 과정이 탄력 있게 진행되도록 하고, 정치체제를 변화시키는 역량과 함께 집단활동의 규범 체계에 변화가 일어나고 있음을 보여줄 것이다. 상당히 탈정치화된 민주주의제도에 참여의 얄팍한 허울을 덧대는 것만으로는 어림없을 것이다. 정작 필요한 것은 민주정치의 바로 그 방식에 변화가 일어나는 것이다.

Chapter 3

민주주의 부활에 공헌

여러 대륙에서 시행된 다소 다양한 프로젝트에 대해 지금까지 설명했다. 이 설명을 관통하고 있는 이야기들을 통합하는 것이 유익할지도 모른다. 이러한 진취적 프로젝트들은 그 운영 스타일과 양식이 다르다 할지라도 두 가지 기본 목표가 프로젝트를 생동감 있게 만든다. 두 가지 기본 목표는 (1) 시민들의 중요한 요구사항을 충족하는 새롭고 결실을 맺을 수 있는 정책이나 프로그램을 분명하게 밝히는 것, (2) 이러한 정책들을 중심으로 헌신적으로 책무를 다하고 화합하며 결속력을 다지는 것이다. 모든 프로젝트는 이러한 목표를 달성하기 위한 접근법이 다름에도 불구하고 이 두 목표를 공유한다.

우리가 Chapter 2에서 논의했던, 사회 저변에서 자기조직화하는 프로젝트들은 함께 이러한 목표를 발전시키며 나아간다. 반면에 우리가 주시하는 몇몇 협의 방식은 공동 목표 달성을 위해 지원을 이끌어내는 것보다 새로운 해결책을 정의하는데 더 효과적이다. 한편, 후자에 해당하는 프로젝트는 자발적 참여자보다 지역 인구를 더 잘 대표할 표본을 확보하며, 초기에는 기존의 엘리트들을 끌어들이는 경향이 있다. 어쨌든 다루기 어려운 문제에 대한 잘 빚어진 해결책은 지원을 이끌어낼 것이다 (Chapter 2의 브레겐츠 사례와 포어아를베르크 사례에서처럼 협의가 의사결정 과정에서 적극적인 참여로 바뀔 수 있는 방식을 참조하기 바란다).

위의 두 가지 목표는 Chapter 1에서 간략히 기술한 핵심 목표 달성에 함께 기여한다. 핵심 목표란 요구사항과 열망이 있는 시민들을 대의기관과 다시 연결시키는 것이다. 즉 해나 아렌트가 생각하는 정치영역의 확장이다. 이 확장과 기타 여러 종류의 확장이 없으면 우리의 대의민주주의는 중대한 위험에 처하게 된다.

여러 프로젝트가 각기 다르기 때문에, 확실하게 공통적인 상황들에 주목해야 한다. 일반적으로 프로젝트는 정부기관이나 비영리재단과 같은 외부로부터 아이디어든 지식이든 정보

든 금전적 지원이든 두 종류의 도움이 필요하다. 첫 번째 유형의 도움은 프로젝트를 시작할 수 있도록 해주는 지원이다. 시작해야 진행할 수 있다. 예를 들면 미래위원회 설립과 그 구성원 선정을 감독하는 정부 혹은 위스콘신의 인커리지재단이나 샌디에이고의 제이컵스근린지역혁신센터 같은 비영리재단의 도움이다. 이들은 대부분 상당한 자금을 지원하는데, 공동체가 자금을 댈 능력이 안 되거나 (시작 당시) 자금 대는 것을 내키지 않아 할 정도의 거액을 지원한다. 이러한 자금 조달은 상당 기간 지속되어야 한다.

　두 번째 유형의 도움은 여러 종류의 전문성 지원이다. 과학적 지식, 경제적 맥락 이해, 조직화의 함정 인식 등과 관련한 전문성이다. 그러나 우리가 일관되게 강조해온 것처럼 그와 같은 전문성은 고위층으로부터 전달될 수 없고, '우리는 알지만 너희는 무지하다'라는 태도에서도 전달될 수 없다. 특히 지금처럼 엘리트층을 향해 의심과 적대감을 품는 분위기에서는 더욱 그렇다. 이러한 요인을 고려하지 않으면 프로젝트 전체를 망치고 실패 선고를 내릴 수도 있다. 이 두 번째 도움은, 일반 시민들의 엘리트를 향한 의구심을 이해하고 실질적인 목소리를 찾고 있는 주민과 공동체가 신뢰하는 숙련된 조력자들에 의해서

만 오로지 조율될 수 있다. 이들 조력자의 역할은 민주주의를 근본적으로 재건하는 데 지극히 중요하다.

이 책 시작 부분에서 이야기했으나, 오늘날 민주주의의 위태로운 상황에 비추어 볼 때 이 시점에서 우리가 우려하는 배경을 간략하게 다시 짚고 넘어가겠다. 다양한 형태로 사회 저변에서 민주주의를 강화함으로써 어떻게 전체적인 정치 단위로서 사회 또는 국가 차원에서 민주주의를 부활시킬 수 있을까? 사회 저변에서 민주주의를 강화하는 것이 어떻게 시민효능감을 높이고 실제로 효력을 발휘하도록 하는 데 기여할 수 있을까? 사회 저변에서 강화된 민주주의가 어떻게 대의제도의 실패를 극복하거나 우회하는 것을 도울 수 있을까?

이러한 질문에 답하기 위해서는 최근 수십 년간 대의제도에서 무슨 일이 일어났는지 살펴보아야 한다. 이론상으로, 시민들은 유권자들이 원하는 바를 입법화하겠다고 약속하는 정당에 투표함으로써 영향력을 발휘할 수 있다. 시민들은 정당의 프로그램을 결정하기 위해 한 정당에 합류하고, 그 안에서 활동함으로써 그 정당이 시민들에게 이득을 줄 수 있는 목표를 반드시 제안하도록 만들 수 있다. 주장하건대, 이러한 이상적인 정치 과정이 결코 완벽하게 실현되지는 않았지만, 서구 민주주의에서 오늘날보다 50년 전에 이러한 이상적 민주주의에 단연코 더 가까이 갔었다. 그 후 수많은 정치적 문제가 점점 더 복잡해지고 아주 다루기 힘든 경우가 많아졌다. 그래서 기후변화, 대륙 간 이주와 같이 가장 극적으로 전개되는 국제 문제들만 언급해야겠지만 자동화, 매스컴, 소셜미디어, 더 폭넓은 다양성 등으로 인해 발생하는 문제도 많다. 한편, 많은 국가에서 주로 이러한 새로운 문제들을 해결하겠다는 기치를 내걸고 여러 정당이 설립되었다. 녹색정당들이 좋은 예다. 이러한 새로운 선택 사항들로 인해 전통적인 정당들이 쇠퇴하는 경우가 흔하다.

이 두 가지 변화로 인해 시민들은 다양한 문제를 통틀어 자신들에게 이득을 주는 목표를 실현하겠다고 약속하는 정당을 만나기 어렵다. 설사 그러한 정당이 존재한다 하더라도 그 정당이 필요한 법안을 통과시키려면 다른 정당과 연합해야 할 것이다. 이 두 가지가 전개되어 대의민주주의는 불투명해지고 외견상 접근할 수 없게 되어 시민효능감을 약화시켰다. 그러나 역으로 생각할 수도 있다. 즉 정당체제에서 시민의 참여가 너무 저조한 나머지 정당이 힘을 잃고 시민의 의견과 열망을 담아내지 못했다. 이러한 순환적 인과관계, 정당체제가 쇠퇴하는 소용돌이는 대의정치 그 자체의 문제가 된다.

이 상황에 어떻게 대응해야 하는가? 대의민주주의에서 어떻게 신뢰를 회복해야 하는가? 우리의 민주주의에서 다른 발전들을 살펴봐야 한다. 특히 정부에 확실한 조치를 시행하도록 요구하기 위해 선동할 수 있고 선거운동을 주도할 수 있으며 대규모로 데모를 조직할 수 있는 시민운동을 눈여겨봐야 한다. 최근 몇 년간 있었던 사례로는, 다양한 점거운동Occupy movements(2011년 뉴욕 월가에서 진행된 '월가를 점령하라Occupy Wall Street'를 시작으로 세계 여러 도시의 특정 장소 앞에서 시민들이 시위를 하며 사회경제적 불평등에 반기를 들고 사회경제적 정의 실현을 요구한 운동_옮긴이), 스페인의 시위 '분노한 사람들Indignados movement'(2011년부터 2013년까지 이어진, 정부의 긴축정책에 반기를 들고 항의, 데모, 점령으로 전개된 시민운동_옮긴이), 미국 내 총기 소유 합법화에 대한 변화를 요구하는 학생들의 최근 움직임을 들 수 있다.

이러한 운동은 강력하지만 대의제도, 정당, 국회의원, 정부와의 조정 부족으로 인해 목표한 변화를 가져오지 못하는 경우가 많다. 이처럼 시위대의 조정 능력이 부족한 것은 시위 참여자들이 정치인들을 경멸하는 데서 비롯된다. 시위 참가자들은 정치인들이 자기 지지 기반의 시위에 따라 움직이는 집단이라고 여긴다. 정치인들은 순진해빠지고 꿈만 꾸는 젊은이들에게 똑같이 반대하며 가르치려는 태도로 화답한다.

그 결과, 2008년과 같이 경제 전반을 급속도로 악화시킨 은행의 파워에 제동을 걸려고 했던 점거운동 등이 내건 가치 있는 목표 달성이 좌절되면서 모든 사람이 엄청난 불이익을 감수해야 했다. 정당과 시민운동 양편 모두 행동을 적절하게 조절해야 한다. 그렇지 않으면 둘 다 일의 진행 과정에서 영향력을 상실하는 위험에 처하게 된다. 실제로, 초창기 정당들이 풍부한 소속 정당원들과 더불어 노동조합, 협동조합과의 연계를 통해 대중의 정서를 법안으로 연결시키면서 대부분 성취를 이룬 것을 지금은 정당과 시민운동이 동맹을 맺어 되살려야 한다. 중요한 변화를 이루기 위해 필요한 이런 시너지는 예전의 사회민주주의 정당들과 함께했던 것처럼 제도적 체제만으로는 더 이상 얻을 수 없으며, 각자 새로운 곤경 상황에서 구체적인 활동을 통해 새롭게 다시 창조해야 한다.

그러나 이러한 상황이 우리가 논의해오고 있는 사회 저변에서의 민주주의 방식과 어떤 점에서 관련 있는가? 변화를 위한 지역의 솔선하는 시도가 더 광범위한 운동들과 협력해 움직이면 중요한 변화가 일어 시민운동이 성공할 수 있다는 점은 확실하다. 그들에게 필요한 것이 분명하면 변화를 위한 더 큰 운동을 강력하게 이끌 수 있으며, 동시에 그들의 목표가 더 명백해지고 더 잘 알려진다. 그들은 참여자들을 모집해 그들의 요구사항에 대한 추가적 근거와 주장을 피력할 수 있다. 이때, 그들은 고도의 지식과 기술의 도움을 받아 확실한 개혁을 이루도록 옹호 활동에 참여하는 기관들과 함께 협력할 수 있고 협력해야 한다.

세 종류의 활동, 즉 정당, 사회운동, 고도로 정보화되고 헌신적인 지역공동체 및 옹호기관이 잘 부합될 경우 생성되는 시너지를 상상해보라. 이 책을 시작하면서 언급한 사례 중 하나인 바로 여러 특정 러스트벨트 지역의 상황을 눈여겨보자. 한참 초창기 고용 형태가 쪼그라들어 사람들은 억울해하고 열외로 취급받는다고 느꼈다. 이런 강력한 부정적 감정이 미국에서는 도널드 트럼프, 프랑스에서는 마린 르펜의 선거운동 등이 활활 타오르도록 도움을 주었다. 그러나 만약 이들 지역에서 우리가 설명했던 주민들이 천직으로 다시 받아들일 수 있는 경제적 직업들에 대한 탐색을 이미 완수했다면, 나아갈 최상의 방향을 둘러싼 합의가 이루어졌다면, 그 결과 과거의 위대함을 회복하자는 이들 선동 정치가들의 약속이 공허한 것임이 드러났다면, 어떤 상황이 전개되었을까? 매우 파괴적인 이런 사람들의 외국인 혐오적이고 분열적인 선거운동으로 공포를 느낀 모든 사람의 이 합의 프로그램을 중심으로 한 더 위대한 움직임을 상상하는 것은 그리 지나친 일이 아니다.

　　우리는 서로를 강화시키는 두 현상인 경기 침체와 외국인 혐오적 배타성 쪽으로 흘러가는 현재 기류에 대한 민주주의의 반격을 간략하게 설명했다. 이러한 민주주의적 반격은 우리가 생성해야 하는 일종의 시너지다. 사회 저변에서의 민주주의는 그것의 중요한 구성요소 중 하나다.[1]

| 맺음말 |

이 책에서 우리는 오늘날 민주주의가 스스로 찾아낸 당면한 위기 상황을 다루지만, 시선을 미래로 향해 좀 더 들여다보면 조직화된 지역공동체가 점점 더 중요한 역할을 할 것임을 예측할 수 있다. 비록 확신할 수는 없으나 서구의 선진 경제권 내에서는 세계화와 로봇화로 인해 보수가 좋은 일자리가 더 많이 사라질 것이다. 현재 이들 선진 경제권에서 완전고용을 보장하는 표준화된 방식은 지속적인 생산성 향상을 통하는 것이다. 산업이 쇠퇴해 더 많은 사람이 직장을 잃으면 똑같은 규모로 새로운 일자리를 더 많이 만들어야 한다.

그러나 이는 우리가 살고 있는 사회가 전반적으로 상상력이 부족할 뿐만 아니라, 유용하고 기여하는 시민의 개념이 시장성 높은 제품 생산자producer-for-the-market, 즉 소비자가 기꺼이 지갑을 열 무언가를 생산할 수 있는 근로자나 사업가라는 기준에 맞춰지기 때문이다. 선진 세계 사회가 대체로 자동화된 산업을 통해 생산하는 수출품으로 어마어마한 수익을 거둔다고 상상할 수 있다. 그렇다면 여기에서 얻은 수익으로 국민에게, 심지어 직업을 갖지 않거나 취업을 못 한 사람에게도 연간 보장소득guaranteed annual income, GAI(국민 1인당 연간 최저기본소득을 제공하는 소득 지원 프로그램_옮긴이)을 제공할 수 있다. 하지만 해결책 자체로는 목표한 바를 이룰 수 없을 것이다. 그 이유는 그러한 소득을 수령한 실직자층에게 존엄성이나 자존감을 부여하지 못할 것이기 때문이다. 밝혀진 바와 같이, 노령화, 조기 퇴직, 일반적인 직업의 교육 요건 상향 조정, 특별히 주목해야 하는 학생 비율 증가(현재 동향에 근거) 등으로 인해 필수적인 휴먼 서비스가 요구되는 상황이 증가하고, 이와 동시에 전통적인 직업들은 감소할 것이다.

우리는 문화적 변화, 다른 사람들에게는 이익이 되지만 생산 또는 비재생에너지 분야에서의 지속적인 양적 성장과 관련 없는 새로운 형태의 직업을 많은 사람이 중요하게 생각하는 문화적 변화가 필요하다. 동시에 필수적인 휴먼 서비스에는 더 많은 참여자가 필요할 것이다. 이런 일자리의 발전이 과거 가장의 위상을 부여했던 정규직 일자리 감소에 따라 새로이 등장한 요구에 대해 우리가 제시할 수 있는 해결책 중 하나가 될 수 있음은 명백하다.

새로운 시대에는 필수적인 휴먼 서비스 분야에서 더 많은 근로자가 필요할 것이다. 아울러 평생교육과 연수 교육의 제공, 또는 예술과 새로운 서비스 분야에서 개발되는 것을 제공하기 위한 기회가 생겨날 것이다. 교육생이나 연수생들은 자신이 가진 기술을 무기 삼아 소득을 올릴 수 있으나 평생 교육을 받아야 할 것이다. 그리고 예술이 중요한 것은, 비록 그 자체로 소득을 창출하지는 않을지라도 사람들이 더욱더 창의적인 삶을 살수 있도록 만든다는 점일 것이다.

우리는 총체적인 부富가 시장성 있는 상품 생산에서 휴먼 서비스 영역으로 대대적으로 이동할 필요가 있음에 주목하고 있다. 이는 신자유주의적 사회의 가정 중 많은 것에 역행한다. 신자유주의에서는 언제나 필사적으로 총체적 서비스 비용을 낮게 유지하려 하고 세금을 가볍게 부과해 민간부문에서 성장을 북돋우고 그 결과로 일자리를 늘리고자 한다. 이러한 예산상 우선순위에서의 급진적 변화뿐만 아니라 유급 근로와 자원봉사 근로 사이에 존재하는 선명한 경계가 허물어질 수도 있다. 현대사회 많은 곳에서, 보건의료기관과 교육기관이 중요한 역할을 하는 자리를 자원봉사자들로 채운다. 예를 들면, 소풍이나 수학여행 가는 아이들 두루 살피기나 보호시설에서 노인 이동 시 동행하기 등은 자원봉사자를 활용한다. 왜냐하면 공공기관은 여기저기 돈 쓸 곳은 늘어나는데 한정된 예산으로 운영해야 하기 때문에 이러한 일들을 유급직원에게 맡길 형편이 못 된다.

우리는 위험할 정도로 빠르게 내달렸던 성장 너머의 새로운 사회를 그려본다. 이 새로운 사회에서는 유급직원들과 자원봉사자들 간 이분법적 구분이 유연해지고 다양한 인센티브를 통해 더 많은 사람이 현재 자원봉사자들이 수행하는 활동에 참여하도록 격려할 수 있다. 이들은 기본적으로는 자원봉사자이지만 그 일을 하기 위해 소요되는 비용 중 일부를 지급받을 수도 있다. 많은 금액은 아니지만 어느 정도 보장 소득이 있는 사회를 한번 상상해보자. 아마도 많은 사람에게는 이러한 보장 소득이 충분하지 않아, 어떤 이들은 파트타임 일자리를 구하려 할지도 모른다. 그러나 우리가 그려보는 성장 너머 새로운 사회에서는 사람들이 병원, 학교, 양로원이나 공동체 텃밭에서 자원봉사 일자리를 얻음으로써 수입을 보충할지도 모른다. 이들은 '동기 부여된 자원봉사자incentivized volunteers'인 것이다.

분명한 점은 그와 같은 제도가 가용예산을 염두에 두고 지역의 보건의료서비스와 교육서비스에서의 요구사항 전반을 고려하면서 지역 차원에서 다루어야 한다는 점이다. 거듭 말하지만, 주민들의 운명을 그들의 손에 쥐여주기 위해서는 조직화되고 동원 가능한 공동체가 필요할 것이다. 이는 보건의료서비스 또는 교육서비스를 이용하는 주민과 자원봉사활동을 통해 공동선에 이바지함으로써 삶의 의미를 발견하는 주민 양쪽 모두의 요구사항을 충족하도록 최대한 지원하기 위함이다.

우리는 정규직 상근근무자들과 (직업을 가진 사람들에게 부과하는 세금으로 충당하는) 사회적 원조를 받는 사람들을 양분하는 현재의 이분법적 사고가 더 이상 존재하지 않기를 바란다. 이런 분명한 경계를 희미하게 만들었던 공동선에 기여하는 여타 방법들을 합법화했어야 한다. 일부 학문적 주제나 예술 분야에서 추가적으로 이룬 발전이나 창조 덕분에 대중을 상대로 무료 강의를 하거나 무료 레슨을 하면서 만족해하는 사람들이 있었을지도 모른다. 동기 부여된 다수의 자원봉사자가 있을 것이고, 보조금이 필요하지 않은 자원봉사자도 있을 것이다. 파트타임으로 일하는 사람들이 있을 것이고, 상근 근로자들도 있을 것이다. 이들 간에 분명한 경계를 두는 인식은 점차 사라질 것이다. 물론 이러한 경계 인식이 붕괴된다고 해서 예산상 우선순위에서 필요한 대대적인 변화가 필요 없다는 것은 절대 아니다. 하지만 인간의 요구가 완전히 충족되도록 함으로써 이를 보완할 수는 있을 것이다.

이 모든 것은, 우리 모두 그들의 운명을 그들의 손에 쥐여주기 위해 지역공동체를 격려하고 응원하는 새로운 방식을 고안해야 한다는 의미다. 사회 저변에서 민주주의 수립은 우리가 처한 지금 위기를 타개하는 데 필수적인 역할을 하지만, 우리가 미래에 건설하고자 하는, 보다 인간적이고 성장에 덜 집착하는 사회를 구성하는 데도 필수적인 부분이 될 것이다.

| 감사의 말 |

안드르 리마의 노고가 있었기에 원고를 준비하고 편집할 수 있
었다. 시몬 메이슈의 너무도 보석 같은 논평은 또 어떠한가. 루
카스 퀴블러는 특별히 본문을 훌륭하게 재편성해주었다. 오브
빌러드 덕분에 통찰력을 유지하면서 아주 즐겁게 글을 쓸 수
있었다. 진정으로 감사한 마음을 전한다.

서문

1 "민주주의 인식 지수 2018Democracy Perception Index 2018," 민주주의 재단 연합
Alliance of Democracies Foundation, 달리아 리서치Dalia Research, 라스무센 글로벌
Rasmussen Global, 2018년 6월, http://www.allianceofdemocracies.org/wp-content/
uploads/2018/06/Democracy-Perception-Index-2018-I.pdf.

세계가치관조사World Values Survey 참조: 로널드 잉글하트R. Inglehart, 크리스천 하
퍼C. Haerpfer, 알레한드로 모레노A. Moreno, 크리스티안 벨첼C. Welzel, 크세니야 키
질로바K. Kizilova, 하이메 디에즈메드라노J. Diez-Medrano, 마르타 라고스M. Lagos,
피파 노리스P. Norris, 예두아르트 포나린E. Ponarin, B. 프라넨B. Puranen 등. "세계 가
치관 조사: 6~7개국 공동 데이터 파일 버전", 2014, www.worldvaluessurvey.org/
WVSDocumenationWV6.jsp, 마드리드: JD 시스템 연구소JD Systems Institute.

그리고 그 유명한, 더욱더 비관적인 포아와 뭉크의 해석이 있다: 로베르토 스테판
포아Roberto Stefan Foa와 야스차 뭉크Yascha Mounk, "와해의 위기: 민주적 단절The
Danger of Deconsolidation: The Democratic Disconnect", 『저널 오브 데모크라시Journal of
Democracy』 27, no. 3(2016년 7월): 5-17, http://www.journalofdemocracy.org/wp-
content/uploads/2016/07/FoaMounk-27-3.pdf.

Chapter 1

1 예를 들어, 토머스 프리드먼, "미국 정치가 여전히 작동할 수 있는 곳: 사회 저변으

로부터 위로Where American Politics Can Still Work: From the Bottom Up", 『뉴욕 타임스New York Times』, 2018년 7월 3일.

최근 미국 내 지역경제 이니셔티브 참조: "지역경제의 체계Local Economy Framework", 지역생활경제를 위한 기업연합Business Alliance for Local Living Economies(BALLE), 2019년 1월 20일 접속, https://bealocalist.org/local-economy-framework/.

2 조애너 레빗 세아Joanna Levitt Cea와 제스 리밍턴Jess Rimington, "획기적으로 성공한 혁신 만들기Creating Breakout Innovation", 『스탠퍼드 소셜 이노베이션 리뷰Stanford Social Innovation Review』(2017년 여름): 31-39.

3 엘비르 마이어콤테Elvire Meier-Comte, 『중국과 인도 기술집단에서 서구의 다국적 기업을 위한 기술 이전과 혁신Knowledge Transfer and Innovation for a Western Multinational Company in Chinese and Indian Technology Clusters』(아우크스부르크: 라이너 함프Rainer Hampp 출판사, 2012).

4 브뤼노 라투르Bruno Latour, "불만에서 슬픔으로 이동Passer de la plainte a la doleance", 『르 몽드Le Monde』, 2019년 1월 10일.

5 루크 브레서턴Luke Bretherton, 『민주주의 부활: 신뢰, 시민권, 그리고 평범한 삶의 정치Resurrecting Democracy: Faith, Citizenship, and the Politics of a Common Life』(케임브리지: 케임브리지 대학교 출판부, 2015).

Chapter 2

1 이런 내용과 공동체 구성원들을 관찰한 여러 내용은 프리스탠더드그룹Free Standards Group, FSG과 네트워크 임팩트Network Impact가 존앤드제임스나이트재단John S. and James L. Knight Foundation(미국의 비영리 재단으로 지역에 견고하게 뿌리내리고 '잘 알고 참여하는 공동체' 육성을 목표로 한다. 재단은 이를 '건강한 민주주의의 필수 조건'이라고 믿는다_옮긴이)을 위해 준비한 다음의 사례 연구에서 볼 수 있다: FSG와 네트워크 임팩트, 『사례 연구: 어떻게 네 개의 공동체 정보 프로젝트가 아이디어에서 비롯되어 영향력을 발휘하는가Case Studies: How Four Community Information Projects Went from Idea to Impact』, 2013년 2월, https://www.knightfoundation.org/reports/case-studies.

2 FSG와 네트워크 임팩트Network Impact, 『사례 연구Case Studies』.

3 FSG와 네트워크 임팩트Network Impact, 『사례 연구Case Studies』.

4 "공동체 정신Soul of the Community", 존앤드제임스나이트재단Knight Foundation, 2019년 2월 20일 접속, https://knightfoundation.org/sotc.

5 우리의 마켓크리크플라자 프로세스 요약 내용은 폴리시링크PolicyLink(캘리포니아 주 오클랜드에 본사를 둔 비영리 단체, 국책 연구 및 행동 연구소. 경제 및 사회적 형평성 향상을 지향한다_옮긴이)가 제이컵스가족재단Jacobs Family Foundation의 활동 중 예로 든 사 례에서 가져옴: 리사 로빈슨Lisa Robinson, 주디스 벨Judith Bell, 레이먼드 콜메나 Raymond A. Colmenar, 밀리 호크 대니얼Milly Hawk Daniel, 『마켓크리크플라자: 근린 지역 변화의 주민 소유권 지향 — 폴리시링크 사례 연구Market Creek Plaza: Toward Resident Ownership of Neighborhood Change: A PolicyLink Case Study』(캘리포니아주 오클랜드: 폴리 시링크, 2005).

6 애슐리 그레이브스 란퍼Ashely Graves Lanfer와 매들린 테일러Madeleine Taylor, 『공공의 개방 공간에서 이민자들의 참여: 새로운 보스턴을 위한 전략Immigrant Engagement in Public Open Space: Strategies for the New Boston』, 2010년 12월 최종 수정, https://www. barrfoundation.org/blog/immigrant-engagement-in-public-open-space. '장소'가 되는 공공의 공간을 창조하고 그곳에 힘을 실어주는 예술의 역할에 대해 서는 다음을 참조: 크리스틴 버니어Christine Bernier와 오브 빌라드Aube Billard, "민주 주의 의제와 예술계Democratic Agendas and the Art World"(다문화연구센터Centre for Transcultural Studies가 이스탄불정책센터Istanbul Policy Center와 공동 개최한 '민주주의 의제'에 대한 학회에서 발표), 이스탄불, 2015년 6월 19~20일.

7 로빈슨Robinson 등, 『마켓크리크플라자Market Creek Plaza』.

8 계속 진행 중인 여러 사회적 변화를 이끌기 위한 플랫폼으로, 네트워크를 만드는 것이 '묘책silver-bullet'이라는 해결책으로도 해결하기 어려운 복잡한 문제에 맞서 기 위한 전략으로 널리 인정되고 있다. 다음 참조: 피터 플래스트릭Peter Plastrik, 매 들린 테일러Madeleine Taylor, 존 클리블랜드John Cleveland, 『연결로 인한 세계의 변 화: 네트워크의 힘을 조절해 사회적 충격 흡수Connecting to Change the World: Harnessing the Power of Networks for Social Impact』(워싱턴 D.C.: 아일랜드 프레스Island Press, 2014).

9 피터 플래스트릭Peter Plastrik과 매들린 테일러Madeleine Taylor, 『로렌스커뮤니티웍스: 네트워크의 힘을 이용한 도시 복원 *Lawrence Community Works: Using the Power of Networks to Restore A City*』(바르재단Barr Foundation, 2004년 3월), 3.

10 피터 플래스트릭Peter Plastrik과 매들린 테일러Madeleine Taylor, 5.

11 포어베를베르크 모델Voralberg model은 난민 문제를 주제로 한 시민위원회 회의 내용을 다룬 다음 파트에서 더 자세히 설명한다.

12 참가자들의 의견 인용을 포함해 시민위원회 보고서 전문은 다음 사이트에서 확인할 수 있다: https://dk-media.s3.amazonaws.com/AA/AL/diapraxis/downloads/297775/Doku_BR_Asyl1-Engl-EndVers.pdf; 진행 과정에 대한 더 간략한 설명은 다음 사이트에서 확인할 수 있다: https://participedia.net/case/5383.

13 파트리치아 난츠Patrizia Nanz와 클라우스 레게비Claus Leggewie, 『협의 없이 대의권 행사는 없다: 시민의 참여민주주의 지침 *No Representation Without Consultation: A Citizen's Guide to Participatory Democracy*』(토론토: 비트윈 더 라인즈Between the Lines, 2019).

14 특히 위스콘신주의 사례와 교차하는 점이 있으며 이는 인커리지재단과 기타 지역의 이해관계자들이 트리뷴 사업을 더욱더 정교하게 다듬고 자금을 지원하는 데 주 차원의 관리들이 참여하는 것을 추진하기 때문이다. 이것은 비록 미래위원회의 과정이 아닐지라도 사회 저변에서 시작하는 지역공동체 심의와 공공부문 의사결정이 수렴되는 증거다.

15 독일연방경제에너지부Bundesministerium für Wirtschaft und Energie, 『탄광지역 구조강화 법률 초안 *Entwurf eines Strukturstärkungsgesetzes Kohleregionen*』, 2019년 8월, https://www.bmwi.de/Redaktion/DE/Downloads/E/entwurf-eines-strukturstaerkungsgesetzes-kohleregionen.pdf?__blob=publicationFile&v=10.

Chapter 3

1 제임스 팔로스와 데버라 팔로스James Fallows & Deborah Fallows의 유익하고 흥미로운 책 『우리의 도시 *Our Towns*』는 미국 내 여러 지역공동체 안에 존재하는 풍부한 아이디어와 기업가적 진취적 정신에 기반을 둔 사업들을 기술한다. 두 저자는 이러한

114

아이디어와 진취적 시도들이 연방 정부의 지원정책으로 보완되지 못한 사실을 못내 아쉬워한다. 우리는 이러한 지역공동체의 아이디어와 진취적 사업들과 연방 정부의 정책적 지원이 합해져 시너지를 내는 것이 미국 민주주의를 다시 세우는 데 가장 중요한 요인이라는 점에 전적으로 동의한다. 제임스 팔로스와 데버라 팔로스, 『우리의 도시: 미국의 심장 속으로 들어가는 10만 마일의 여행*Our Towns: A 100,000-Mile Journey into the Heart of America*』(뉴욕: 판테온 북스Pantheon Books, 2018).

민주주의 재건
시민 공동체가 주체가 되는 민주주의

초판 1쇄 인쇄 ｜ 2022년 1월 05일
초판 1쇄 발행 ｜ 2022년 1월 10일

지은이 ｜ 찰스 테일러, 파트리지아 난츠,
매들린 보비언 테일러
옮긴이 ｜ 이정화
펴낸이 ｜ 조승식
펴낸곳 ｜ 도서출판 북스힐
등록 ｜ 1998년 7월 28일 제22-457호
주소 ｜ 서울시 강북구 한천로 153길 17
전화 ｜ 02-994-0071
팩스 ｜ 02-994-0073
홈페이지 ｜ www.bookshill.com
이메일 ｜ bookshill@bookshill.com

ISBN 979-11-5971-393-4
정가 12,000원